U0822584

过一场风雅的宋朝生活

李开周 著

中国法制出版社
CHINA LEGAL PUBLISHING HOUSE

开场白
你愿做一个宋朝人吗

亲爱的朋友，谢谢你翻开这本书。

看书名就知道，这是一本关于宋朝的书。

我以前写过好几本关于宋朝的书，例如写宋朝美食的《吃一场有趣的宋朝宴席》、写宋朝茶道的《摆一桌绝妙的宋朝茶席》、写宋朝过年习俗的《过一个欢乐的宋朝新年》。

这本书继续谈宋朝习俗，但它在内容上要比《过一个欢乐的宋朝新年》丰富得多。因为它不只写过年，还写一年当中的大部分节日和节气，包括立春、寒食、清明、端午、夏至、七夕、中秋、重阳、冬至……

今天华人社会中保留的许多节日习俗，其实早在宋朝就定型了，宋朝人的这些习俗跟我们差不多。比方说，清明节都要扫墓，端午节都要吃粽子，七夕节都会想起牛郎和织女，中秋节都会赏月，重阳节都会登高。

但宋朝毕竟过去那么长时间了，社会习俗也在不断变迁，从今天回到宋朝，或者从宋朝来到今天，肯定会发现一些不一样的地方。

在本书的后半部分，你将会发现宋朝人不太重视清明节，但却非常重视一个与清明节紧密相连的节日：寒食节。他们在寒食节不仅要放长假，还死守着绝不生火做饭的神秘禁忌。假如有人触犯了这一禁忌，那他可能会受到邻里街坊的指责与围攻。

你还会发现，宋朝人过中秋是不吃月饼的。是的，他们拜月，他们赏月，他们讲述着嫦娥、后羿、吴刚和玉兔的传说，但他们不吃月饼。作为烤制而成的有馅甜品，月饼要到明朝才成为八月十五的节日美食。

我们每年都要庆祝的一些洋节日，如圣诞节、情人节，宋朝人没有听说过。而在另一方面，宋朝人珍而重之的一些传统习俗，我们也没有听说过，如二月初二“挑菜节”，七月初七满街售卖“摩睺罗”，如今只能在书里找到踪迹。

事实上，这本书要分享给大家的不仅是宋朝节日，更有宋朝人的生活习惯和社会风气。假设一个人回到宋朝，从幼年到成年，从成年到老年，婚丧嫁娶，生老病死，他要遵守哪些规矩？他会养成什么习气？他怎样求学？怎样娶妻？怎样谋生？怎样交际？在本书的前半部分，你可以找到答案。

本书分为上下两编：上编是《一个宋朝人的一生》，谈社会习俗；下编是《一个宋朝人的四季》，谈节日习俗。我希望通过这样的编排和叙述，尽可能让大家对宋朝生活有一个全面且不乏味的了解。

宋朝是一个很好玩的朝代，但是我相信，凡是有耐心读完这本书的朋友，都不会梦想回到宋朝。

第一，宋朝医疗水平很不高，医学观念落后，现在看起来基本上没什么危险的事情，在宋朝跟送死差不多。妇人难产等于送死，婴儿染病等于送死，士子出远门水土不服，也等于送死。

第二，宋朝科学技术落后，交通条件很差，没有汽车，没有轮船，没有高铁，没有飞机，也没有 Wi-Fi。我们在现代科技环境中生活，行之而不著，习矣而不察，回望唐诗宋词，白衣如雪，仿佛很有诗意，真要穿越回去，会被憋死的。

第三，宋朝毕竟是帝制时代，人与人在地位上不平等，在法律上不平等，无论官员还是百姓，都要受到许多莫名其妙的规矩约束，想摆脱约束，风险极大。

例如本书第二章写的，连给孩子取名，都有这样那样的禁忌。

既然宋朝有这么多毛病，那我们干吗还要花费时间和精力阅读这本书呢？

我想我能找到如下理由：

第一，宋朝专制，但宋朝皇帝的专制属于开明专制，温情脉脉，颇有人味儿。

第二，宋朝落后，但在牛顿他老人家几乎以一人之力为现代科学大厦奠基之前，无论东方还是西方，在科学水平和医疗水准上都处于蛮荒时代。从科技应用和生活富足程度上讲，其实宋朝比同时代的西方社会以及此前的隋唐五代先进得多。

第三，我们阅读历史，是为了鉴古知今，是为了拓展视野，是为了梳理文明发展的脉络，更直接一些讲，是为了获得精神上的愉悦，而不是为了复古，更不是为了成为古人。就像小朋友爱看《侏罗纪世界》，不代表他们愿意回到侏罗纪世界；一些成年人爱逛博物馆，也不表示他们喜欢被摆进展柜里。

我的意思是说，我们虽然不愿意成为宋朝人，但却不妨通过这本小书去观看宋朝人的生活，并从中得到一点点乐趣。我自己的体验是，一本有趣的历史读物，会让我感觉到寿命和经历突然延长，仿佛从久远的过去一直活到了今天。

希望这本书没有辜负你的期望，祝阅读愉快。

目录

下编 一个宋朝人的四季

上编

一个宋朝人的一生

第一章 出生

龙子凤孙的成活率

宋太祖生了四个儿子、六个女儿，只有两个儿子和三个女儿成年，夭折率高达 50%。

宋真宗生了六个儿子、两个女儿，成年的只有一个儿子和一个女儿，夭折率超过 50%。

宋仁宗生了三个儿子、十三个女儿，结果三个儿子全部夭折，只有四个女儿得以成年，后来即位的宋英宗是他的养子，并非亲生。

宋神宗生了十四个儿子、十个女儿，其中八个儿子和七个女儿夭折。

（宋）苏焯《端阳戏婴图》，现藏台北故宫博物院

宋哲宗生了一个儿子、四个女儿，儿子只活了三个月，活下来的是两个女儿。因为哲宗无子，所以后来承继大统的宋徽宗是他的弟弟。

宋高宗没有女儿，只生了一个儿子，但非常不幸的是，这个儿子也夭折了，后来接班的宋孝宗是他的养子。

宋光宗生了两个儿子、三个女儿，一个儿子夭折，三个女儿全部夭折。

宁宗更加不幸，他有九个儿子和一个女儿，竟然连一个都没能活下来，夭折率高达 100%！

著名史学家王曾瑜先生做过统计，宋朝十八个皇帝，总共生下一百八十一个儿女，夭折了八十二个，夭折率超过 45%。

（宋）佚名《戏猫图》，现藏台北故宫博物院

那些生下不久就离开人世的宝宝，可都是龙子凤孙，都是含着金汤匙长大的小贵族，出生前肯定有最高级的产前保健，出生时肯定有最高明的接生大夫，出生后肯定有最充足的奶水供应和最全面的婴儿护理，他们理应顺风顺水、长命百岁，怎么会夭折呢？

传统戏曲里有一出《狸猫换太子》，说是宋真宗有两个妃子同时怀孕，谁生了儿子谁就能被立为正宫皇后，其中一个妃子心狠手辣，派人将另一个妃子刚刚生下的儿子杀死，偷偷换成一只剥了皮的狸猫，并诬蔑人家生了一个妖怪……这个故事告诉我们，宫廷内斗和嫔妃争宠或许是皇子们大量夭折的原因之一。但是这只能解释皇子的夭折，而不能解释为什么连皇女也会频繁夭折。

科学的解释是，那时候医疗手段太原始，医学观念太落后，生育习俗太野蛮，从孕期保健到产妇分娩，都洋溢着浓重的巫术气息。归根结底，是落后的风俗造成了婴儿成活率低下。

孕妇的饮食禁忌

宋朝有一本专门指导优生优育的生活手册，名曰《卫生家宝产科备要》，这本书第六卷写道：

食兔肉令子缺唇，食雀肉令子盲，食鸭子令子倒生，食鳖肉令子项短，食螃蟹令人横生，食驴肉令子过月。

兔子三瓣嘴，所以孕妇不要吃兔肉，否则生下来的宝宝也是三瓣嘴。

麻雀对光线不敏感，到了晚上，视力模糊，这种情况俗称“夜盲症”，所以孕妇不要吃麻雀，否则生下来的宝宝也会有夜盲症。

宋朝已有烤鸭，做烤鸭的时候，要把鸭子倒吊在烤炉里，所以孕妇不能吃鸭子，否则宝宝会“逆产”，脚在前，头在后，无比艰难地出生。

乌龟脖子短，遇到危险就把头颈缩到壳里，所以孕妇不能吃乌龟，不然胎儿的脖子也会缩得很短。

螃蟹横着走，所以孕妇不能吃螃蟹，万一胎儿横着生出来……对不起，横着是生不出来的，所以只能胎死腹中，母子丧命。

（宋）佚名《观音大士像》，现藏台北故宫博物院

驴子孕期长，比人类多两个月，母驴怀胎一年才能产下小驴，所以孕妇也不能吃驴肉、喝驴汤、买驴肉火烧，假如嘴太馋，非吃不可，那就等着怀胎一整年吧！

能认识到兔子三瓣嘴、麻雀夜盲症、挂炉烤鸭是倒吊的、乌龟脖子短、螃蟹横着走、驴子孕期长，说明宋朝人善于观察。但是将观察到的细节联系到胎儿身上，认为孕妇吃什么胎儿就长成什么样，并堂而皇之地将其写进优生优育手册，又说明宋朝人的科学思维有所欠缺。

不吃兔肉，不吃麻雀，不吃鸭肉、乌龟、螃蟹和驴肉，总共才六种食忌，算不了什么，为了肚子里的宝宝，是可以忍住不吃的。甭说孕期不吃，就算一辈子不吃这些，也影响不到母亲的健康和胎儿的发育。

乌龟、螃蟹之类不利于生育，那什么样的食物有利于生育呢？

第一类是开花馒头。

请注意，宋朝的馒头并不是现在的实心馒头，而是有馅儿的包子。用发酵面团做皮，用碎肉或者蔗糖做馅儿，包的时候故意留出一个小口，上锅一蒸，小口变成大口，仿佛包子开了花，这就是开花馒头。孕妇接近预产期，一定要多吃几个开花馒头——包子开了口，就好比产道开了口，不然孩子出不来嘛！

《东京梦华录》记载北宋开封的生育习俗，到了预产期所在的那个月的初一，娘家人会送一大盘开花馒头给产妇，俗称“分痛馒头”。吃了分痛馒头，产道开得更宽，生起来更容易，相当于娘家人帮助产妇分担了一部分痛苦。

第二类是大枣和栗子。

按《梦粱录》记载，南宋杭州孕妇临产，娘家人会送一批“催生礼”，其中包括枣和栗子。枣必须让孕妇生吃，“生枣”嘛，寓意生得早，不会难产；栗子有什么寓意呢？栗子者，利子也！

第三类是蛋，很多很多的蛋。

鸡蛋是高蛋白食品，孕妇多吃鸡蛋，生起来更有劲儿。不过吃鸡蛋也要有个限度，到底吃多少鸡蛋最合适呢？一百二十枚。“一百二十”这个数字是宋朝人的吉祥数字，寓意宝宝长命百岁，可以活到一百二十岁。

《梦粱录》中记载的“催生礼”中没有鸡蛋，而是一百二十枚鸭蛋。鸭蛋也是高蛋白食品，但是放在现代中国，鸭蛋要比鸡蛋显得晦气一些：宝宝将来上小学，考试考个大鸭蛋，甚或连考一百二十个大鸭蛋，岂非有辱家门？

不管是鸡蛋还是鸭蛋，都不能吃得太多，否则胎儿长得太大，反而更容易难产。宋朝人懂得这个道理吗？未必，因为他们缺乏科学常识。

不过我们也不能过于嘲笑宋朝人，仔细想想，就在现代中国的一些地区，仍然有许许多多的老人在“传承”着老辈人留下的习俗，坚持不让刚刚生下孩子的产妇吃这个吃那个，不能吃肉，不能吃水果，不能吃哪怕一点点盐，在孩子满月之前只能整天喝稀粥，吃红糖煮鸡蛋，吃得血糖升高、胃酸过多，吃出严重的胃病和糖尿病，这不同样是缺乏科学常识吗？

遇到难产怎么办

欧阳修结过三次婚。

第一个妻子姓胥，是欧阳修的老师胥偃的女儿，二十岁那年给欧阳修生了一个儿子，并在分娩后几天就去世了，死因是产后风。

第二个妻子姓杨，是京官杨大雅的女儿，嫁给欧阳修一年后去世，死因是难产。

第三个妻子姓薛，是大臣薛奎的女儿，只有她陪伴欧阳修到了最后，既没有死于难产，也没有死于产后风，一直活到了七十多岁。

三任妻子，两任死于分娩，欧阳修的运气似乎太差。不过当我们了解到宋朝的医生遇到产妇难产时是如何应对以后，就会明白这一切都跟运气没有关系。

让我们看看宋代医书上记载的方子吧。

以蝉蜕或蛇蜕入药，加少许麝香，研成粉末，用醋汁和匀，临产时让产妇喝下，可以预防难产。（《旅舍备要方》）

以葵菜籽（冬苋菜的种子）、榆白皮（榆树木质部与外层老皮之间的那层白色薄皮）、猪油、滑石粉、车轴润滑油入药，用米酒和匀，临产时让产妇喝下，可以预防难产。（《圣济经》）

将弓弦剪成五寸长的小段，与箭杆一起烧成灰，当产妇难产时，用酒冲服，可以预防难产。（《圣济总录》）

宋朝有一种武器叫作“弩”，是带有扳机的硬弓，扳机用铜铸造，称为“弩牙”。将弩牙取下，烧红，在半碗醋里浸泡，然后让产妇喝醋，据说只要喝下去，无论多么难生的宝宝都会顺利生出。（《圣济经》）

宝宝出生时一般都是头先出来，假如胎位不正常，也可能脚先出来，这样很容易难产。当接生大夫遇到这种情况时，不要惊慌，只要用车轴润滑油在刚刚露出来的胎儿小脚上涂抹一下（《重修政和经史证类备用本草》），或者用朱砂在胎儿脚底写父亲的名字，或者写上当地官员的名字，或者在左脚上写“父入”，在右脚上写“子出”，胎儿很快就会自动调整为头前脚后，以正常胎位顺利出生（《医说》）。

南宋医书《妇人大全良方》，现藏开封博物馆

还有三个更奇葩的方子，据说对防治难产也有奇效。

将胎儿父亲的腰带烧成灰，温酒调服（《重修政和经史证类备用本草》）；或者将他十根手指上的指甲全部剪下来，烧成灰，温酒调服（《太平圣惠方》）；又或者将他的阴毛揪下两到七根，烧成灰，用猪油团成药丸，也用温酒调服（《妇人大全良方》）。但是需要注意的是，所用的腰带、指甲、阴毛等“药材”必须来自亲生父亲，假如这孩子的生父是隔壁老王，那接生大夫就爱莫能助了。

蝉蜕和蛇蜕为啥能治难产？因为蝉蜕是蝉脱的皮，蛇蜕是蛇脱的皮，皮都能脱下来，孩子岂能生不下来？

葵菜籽、榆白皮、猪油、滑石粉、润滑油为啥能治难产？因为这些都是很滑的东西，将很滑的东西喂给产妇吃，难道不能让产道变得光滑一些吗？

弓弦和弩牙为啥能治难产？因为拉弓射箭的时候只要一松弓弦和弩牙，箭就会飞快地发射出去。同样道理，当产妇服用了弓弦和弩牙泡的醋以后，孩子应该就会像箭一样发射出来。

上述逻辑看起来非常荒诞，不过仍然属于较为大胆的相关性假设。只要提出假设的人拥有一定的实证精神，并通过足够数量的临床案例进行检验，就可以将所有不靠谱的假设统统剔除，最终留下一两条较为靠谱的验方。

遗憾的是，宋朝医学界普遍缺乏实证精神，从来没有哪个医生进行过任何一次“大样本随机双盲对照实验”，于是乎，医术就不可避免地走向了巫术。例如，在胎儿脚底书写生父的姓名、父母官的姓名，或者写上“父入”“子出”之类令人浮想联翩的文字，就纯粹属于巫术了。

当然，在现代科学诞生之前，全世界的医术都是如此。特别是在对付难产这一方面，全世界的医生和接生婆都曾经束手无策，只能求助于巫术。

病急乱投医，医急则乱投巫，当大家都向巫术投降的时候，产妇的死亡率和婴儿的死亡率怎能不高得吓人呢？

宋朝人重视胎教吗

北宋定窑白瓷孩儿枕，现藏台北故宫博物院

说完了宋朝落后的地方，我们再看看宋朝先进的地方。

我们可能很难想象，宋朝人已经认识到了胎教的重要性。

南宋医学家陈自明在《妇人大全良方》一书中写道：

胎教、产图之书，不可谓之迂而不加信。……（孕妇）须行坐端严，性情和悦，常处静室，多听美言，令人讲读诗书，陈礼说乐，耳不闻非言，目不观恶事。如此，则生男女福寿敦厚，忠孝贤明。

对于那些讲胎教的书，您可千万不要认为迂腐无用。如果一个孕妇注重胎教，行得正，坐得端，性格温和，心情愉悦，经常在安静优雅的环境里生活，多听听金玉良言，没事儿就请人读书诵诗给自己听，多了解儒家正统的礼仪和乐理，耳朵听不到恶声，眼睛看不到恶行，这样生下来的孩子一定多福多寿、性格宽厚、待人真诚、脑子聪明。

南宋大儒朱熹也很重视胎教，他在《小学》一书中写道：

妇人妊子，寝不侧，坐不边，立不跸，不食邪味，割不正不食，席不正不坐，目不视邪色，耳不听淫声，夜则令瞽诵诗，道正事。如此则生子形容端正，才过人矣。

妇人怀胎，睡姿、坐姿和站姿要端正，饮食要干净精美，不吃切得不规整的肉，不坐铺得不端正的席，不看不好看的东西，不听不善的声音，晚上让说书艺人吟诵诗歌，讲讲正人君子的事迹。如果能把胎教做到这个地步，生的宝宝不仅颜值高，还会很有才干。

陈自明和朱熹，一个医学家，一个理学家，他们推崇的胎教理论还是很有科学道理和现实意义的。虽然孩子的长相主要由基因决定，但是重视胎教的准妈妈们生下优质宝宝的概率总会大一些。

坦白讲，在距离我们七百多年的宋朝，能认识到胎教重要性的毕竟是少数人，而能实实在在去执行胎教的更是少数人——普通百姓既没文化又没钱，最多能吃饱饭而已，怎么有条件去进行胎教呢？

大宋儿童福利院

（宋）佚名《婴戏图》，现藏台北故宫博物院

宋朝没有节育手段，对生下很多孩子的穷人而言，孕期胎教是痴人说梦，好不容易生下孩子，还可能要非常残忍地亲手杀掉。换言之，他们会用人为的方式让孩子夭折。

北宋时一个名叫吕堂的读书人给皇帝上书说：“（贫民）男多则杀其男，女多则杀其女。”穷人家儿子多了就杀掉男婴，女儿多了就杀掉女婴。

朱熹的父亲朱松说：“（贫民）多止育两子，过是不问男女，生辄投水盆中杀之。”穷人一般只要两个孩子，一旦超过这个标准，不问是男是女，一生下来就扔进水盆里淹死。

那可是自己的亲生孩子啊！怎么舍得杀掉！怎么能残忍到这个地步呢！原因无他，就是穷。宋高宗绍兴七年（1137 年），礼部尚书刘大中上奏：“民有不举子者……诚由赋税烦重，人不聊生所致也。”老百姓负担太重而收入太低，生了孩子养不起，只有杀掉。

在漫长的中国历史长河中，无论是宋朝还是别的朝代，只要翻开当时的奏章、诗文或者文人笔记，就能看到极其频繁的关于“不举”的记载。这个“不举”绝非男人性功能障碍，它的本义就是生而不养，生下孩子就杀掉。我们还可以联想到唐朝内战时的长期围城、明朝末年的长期饥荒，以及 20 世纪 40 年代的大饥荒，这些时期都曾经出现人吃人的现象。

所以一个有担当的个体尽量不要让自己陷入绝境，一个有担当的政府尽量不要让子民陷入绝境。

宋朝政府算不算有担当的政府呢？我觉得算。

首先，它从法律上增加了人们“不举”的风险：“故杀子孙，徒二年。”故意杀掉孩子，判处两年徒刑。“杀子之家，父母、邻保与收生之人，皆徒刑、编置。”一户人家杀掉了刚刚生下的孩子，其亲生父母、四周邻居以及接生大夫都要受到徒刑或者流放的处罚。

其次，它对养不起孩子的家庭给予减税或免税的优惠，甚至直接发放补贴。宋高宗绍兴八年（1138 年）有这样的诏令：“贫乏之家生男女而不能养赡者，每人支免役宽剩钱四千。”每生一个孩子，减免四千文的赋税。宋孝宗乾道五年（1169 年）又发布诏令：“应福建路有贫乏之家生子者，许经所属具陈，委自长官验实，每生一子给常平米一硕、钱一贯，助其养育。余路州军依此施行。”福建省内养不起孩子的家庭，经过地方官调查属实，按每生一个孩子发给一石米、一贯钱的标准进行补贴，其他省份以后也要按照福建的政策去执行。这里为什么特别提出先在福建推行生育补贴呢？因为福建人多地狭，农业资源紧缺，是宋朝民间“不举”之风最盛行的区域。

再次，在宋朝特别是南宋一朝，政府创办了许多专门收养弃婴的儿童福利院，名叫“慈幼局”。《宋史·理宗本纪》载：“诏给官田五百亩，命临安府创慈幼局，收养道路遗弃初生婴儿。”朝廷拨给杭州市政府五百亩官田，供其创办慈幼局，来收养那些因为养不起而被扔在路边的弃婴。《永乐大典》第一万九千七百八十一卷罗列了南宋后期全国各地创建的慈幼局，计有苏州府（江苏苏州）、临安府（浙江杭州）、建康府（江苏南京）、宝庆府（湖南邵阳）、广德军（安徽广德）、无为军（安徽无为）、汀州府（福建长汀）等八十九处，基本上覆盖了南宋疆域内的大部分路府。

《梦粱录》载：

（临安）有局名慈幼，官给钱典雇乳妇，养在局中，如陋巷贫穷之家，或男女幼而失母，或无力抚养，抛弃于街坊，官收归局养之，月给钱米绢布，使其饱暖，养育成人，听其自便生理，官无所拘。

杭州慈幼局收养了当地的弃婴和孤儿，政府出钱雇奶妈哺育，每月发放粮食和衣服，直到将这些可怜的孩子养大成人，然后让其自觅生路。

《遂昌山樵杂录》载：

贫家子多，厌之辄不育，乃许其抱至局，书生年月日时，局有乳媪鞠育之。他人家或无子女，却来取于局。岁侵，子女多入慈幼局，故道无抛弃子女。

穷人无力抚养孩子，可以送到慈幼局，工作人员将孩子的出生时间登记在册，让专职的乳母来抚养。而有能力抚养但无法生育的家庭也可以去慈幼局认领婴儿，真是一举两得。

说到这儿，问题来了：前面不是说宋朝穷人会因为养不起而杀掉或者丢弃自己的孩子吗？既然官方办了那么多慈幼局，干吗不把孩子送过去呢？

事实上，宋朝政府的经济实力虽然比其他朝代雄厚得多，但其开支也浩大得多，官员待遇丰厚，机构叠床架屋，常备军数量庞大，还要支付辽国、金国和西夏岁币，留给社会救济的经费是非常有限的，南宋皇帝将儿童福利院推广到路府一级尚有可能，推广到州县一级就力有未逮了。大城市有慈幼局，小城镇和乡村地面却没有，数量不足，规模不够，一部分老百姓求助无门，到头来还是“不举”。

洗三和抓周

现在中国某些地方仍然保留着“洗三”和“抓周”的习俗。

孩子出生后第三天，给他仔仔细细洗一次澡，是为洗三。

孩子满周岁那天，拿一些小玩意儿放在他身边，让他自己挑选，根据他抓到的东西来预测他的性格以及将来可能从事的职业，这叫抓周。

洗三在宋朝福建是件大事，不仅要给孩子洗澡，还要在澡盆里放一棵大葱和几枚铜钱，洗完以后还要大宴宾客。为什么要在澡盆里放葱和铜钱呢？因为父母希望孩子长大后既聪（葱）明又有钱。

抓周在宋朝叫“拈周”，又叫“试晬”。按《梦粱录》记载，孩子满周岁那天，“其家罗列锦席于中堂，烧香炳烛，顿果儿饮食及父祖诰敕、金银七宝玩具、文房书籍、道释经卷、秤尺、刀剪、升斗、戥子、彩缎、花朵、官楮钱陌、女工针线、应用物件，并儿戏物”。在正房客厅里烧香点蜡烛，铺一张锦席，让孩子坐在中间，四周摆放水果、点心、玩具、首饰、花朵、书籍、文具、道经、佛经、秤盘、铜钱、纸币……看孩子会抓到什么。比如说抓到玩具，说明将来游手好闲；抓到了图书和笔墨纸砚，说明长大了热爱学习；假如抓到秤盘之类的，那这孩子将来很可能要去当商人。

（宋）佚名《子孙和合图》，现藏台北故宫博物院

宋代澄泥天马砚，现藏台北故宫博物院

宋代端砚，传为米芾所用，现藏台北故宫博物院

宋代定窑白瓷笔洗，现藏台北故宫博物院

宋代铜印，现藏台北故宫博物院

《宋史·曹彬传》开篇这样写道："曹彬，字国华……周岁，父母以百玩之具罗于席，观其所取。彬左手持干戈，右手持俎豆，斯须取一印，他无所视，人皆异之。"曹彬小时候抓周，左手抓到玩具刀枪，右手抓到祭祀用具，随后又抓了一颗官印，别的什么都不要。旁观的大人啧啧称叹："这孩子不简单，抓刀枪说明要当武将，抓官印说明要当大官，抓祭祀用具说明有当宰相的雄心壮志啊！"我们知道，宰相的"宰"字，包含割肉祭祀的意思。后来呢，曹彬确实成了北宋一朝的开国大将，官居"同平章事"，相当于宰相。

小户人家抓周，没有那么多摆设，只将书本、秤砣、印章、针线和几样玩具放到盘子里，让孩子抓。这种抓周时所用的盘子叫作“晬盘”，一般用木头雕刻而成，刷有红漆。宋代词人吴申有一首祝贺别家孩子周岁的词——调寄《七娘子》：

君家诸子燕山盛，去年两见门弧庆。银蜡烧花，宝香熏烬，晬盘珠玉还相映。

耳边好语凭君听，此儿不与群儿并。右执金戈，左持金印，功名当似王文正。

“燕山”指窦燕山，是五代十国时的名人，生了五个儿子，个个都成了栋梁之材。《三字经》有云：“窦燕山，有义方，教五子，名俱扬。”说的就是他。“王文正”指北宋大臣王旦，官至宰相，谥号文正。我们把这首词翻译成大白话：

你们家儿子多，去年生了两个，今年他们满周岁，您让孩子抓周，香点着了，蜡烛点亮了，晬盘里珍珠宝贝交相辉映，孩子们伸出小手去抓，左手抓到金印，右手抓到金戈，将来一定能像王旦王文正公那样有出息。

您听，多么吉祥的抓周祝福语啊！

第二章

取名

乳名和迷信

宋代八卦镜，镜背正中有一龟形钮，八角形钮座外依次环以八卦纹、十二生肖及铭文。铭文共二十字："水银是阴精，百炼得此镜，八卦气象备，卫神永长命。"现藏台北故宫博物院

宝宝出生后，父母或者祖父母会给他取一个乳名。

有些乳名很雅致很好听。例如苏轼乳名"同文"，苏辙乳名"卯君"，苏辙的二儿子苏适乳名"阿罗"，黄庭坚的独生子黄相乳名"小德"，王安石的大女儿乳名"伯姬"，欧阳修的长子欧阳发乳名"僧哥"，陆游的伯父陆宦乳名"马哥"。男孩子乳名里带一"哥"字，是江南地区固有的风俗，就像鲁迅小时候被叫作"迅哥"一样。

有些乳名很粗俗很难听，故意往低贱处走。按宋人笔记《渑水燕谈录》，一个名叫江仲甫的京官乳名"芒儿"。乍一听，这个名字很可爱，其实当时人们称呼牧童为芒儿，江仲甫出身于官宦世家，父母给他取这个乳名，正是故意往低

贱处走的例证。

现存敦煌卷子里记载了唐宋时期的大量人名，其中无论男孩还是女孩，乳名通常都很难听。例如：P.3589（敦煌卷子编号，P指伯希和，S指斯坦因）上一个叫张保山的户主，给两个孙女分别取名叫“残婢”“僧婢”，意思是残疾的婢女、和尚的婢女；S.4710上有一个女孩，乳名“丑婢”，意思是丑陋的婢女；S.2041与P.3249上则载有四个男孩子的名字，分别是马狗子、宋狗子、卫狗子、阴狗子，古代中国人并不像欧美人那样爱狗，以狗为名，那是非常低贱的乳名；P.3379、P.3714、P.4063、P.4491、S.2894等卷子上分别载有令狐粪堆、张粪堆、于粪堆、宋粪堆、星粪堆、傅粪堆、王粪堆、胡粪堆等更加奇葩的人名，粪堆是农家厕所旁堆积的人畜粪便。一个人居然以粪便为名，应该也是乳名。

乳名难道不应该亲切可爱才对吗？古人为什么要给孩子取如此难听的名字呢？一是因为没文化（从敦煌卷子上可以看出，越是平民的孩子，名字就越粗俗，官员家的孩子很少取名为狗子或者粪堆的），二是因为他们迷信，认为低贱的乳名可以帮助孩子平安长大。

以前大多数中国人都相信世间有地狱，地狱有阎罗，阎王爷会拿着笔在勾魂簿子上勾魂，他老人家只要在谁的名字上大笔一勾，那这个人就得死翘翘。想不让孩子夭折，就得避免阎王勾到自家孩子的名字。怎样才能不让他勾到名字呢？方法很简单，取一个低贱得不像人名的名字好了。狗子、粪堆，一听就不像人类的名字，阎罗王看到这种名字就不勾了，没兴趣。

管儿子叫大哥

古人姓名特别麻烦，一个稍有文化或者地位的人，小时候有乳名，长大了有大名，大名之外还有字，字以外又有号。就拿苏东坡来说吧，乳名“同文”，大名“苏轼”，字“子瞻”，号“东坡居士”。在正式场合和公文上，他会以大名自称；朋友喊他时，一般称字或者号；比他年长或者与他同辈的亲人喊他的时候，一般都是以乳名相称，显得亲切。

《四朝闻见录》记载，北宋灭亡时，宋高宗的同父异母妹妹柔福公主被掳掠到金国；南宋建立后，这位公主又千里跋涉逃到了临安（后来被发现是假冒的）。“引见之顷，呼上小字。”柔福公主见到高宗皇帝，张口就喊他的乳名。妹妹为什么要喊哥哥的乳名呢？因为显得亲切。

不过有时候也不喊乳名，而是喊排行。

《齐东野语》载，宋孝宗即位，宋高宗做了太上皇，孝宗血气方刚，年轻气盛，一心要恢复中原，高宗劝道：“大哥，且待老者百年后却议之。”大哥你别急，等我死了以后再说。

另据《陔余丛考》，王安石跟独生子王雱闲谈，父子俩品评天下人物，把当朝高人数了一遍，最后王安石指着王雱说：“大哥自是一个！”虽然你是我儿子，但我举贤不避亲，我认为你也是一个了不起的家伙。

父亲夸儿子，是人之常情。我也经常夸自己的儿子：“才五岁就会自己小便了，真了不起！”“竟然知道爸爸是男的，妈妈是女的，真是奇才！”但我绝对不会像王安石那样夸：“大哥自是一个！”儿子再了不起，你也不能喊他大哥嘛！

高宗称呼孝宗为大哥，王安石称呼王雱大哥，是不是一时激动喊错了呢？当然不是。在宋朝，“哥”这个字并没有兄长的意思，而是对家里男孩的爱称，前面一般还要再加上排行。大哥者，家里最大的那个男孩是也。

宋高宗死了以后，南宋出了一个抗金名将赵方，赵将军有三个儿子，临终的时候，他把儿子们叫到跟前嘱咐后事，最后对三个儿子说：“三哥葵甚有福。”（《齐东野语》卷十八《前辈知人》）意思是说老三最有福气。在这里，他管三儿子叫三哥。如果他喊的是二儿子和大儿子，称呼就变成二哥和大哥了。

宋朝女生怎样取名

咱们现代人给女孩子取名，常常会用到叠音，例如李冰冰、朱媛媛、孙菲菲、金巧巧、盖丽丽，诸如此类。

像这样使用叠音，写着简便，读着顺口，听着可爱，很符合咱们现代人的口味。

宋朝女生会不会也用叠音做名字呢？会。

陆游您知道吧？宋朝最多产的诗人，他中年以后娶了一个小妾，那小妾给他生了个女儿，取名叫陆女女（参见《渭南文集》卷三十三《山阴陆氏女女墓铭》），就是典型的叠音。

陆游的好朋友杨万里也有一个女儿，取名叫杨闰闰（估计是闰月生的，参见《杨万里年谱》），也是叠音。

宋神宗之母姓高，是开国大将高琼的曾孙女，乳名叫高滔滔。

宋徽宗的女朋友、当年在汴京艳压群芳的名妓、《水浒传》里浪子燕青的干姐姐，我们都知道她的名字：李师师。

宋徽宗三十四个女儿，其中两个用叠音名，一个叫赵珠珠，一个叫赵嬛嬛（参见《靖康稗史》之《开封府状》）。

宋徽宗还有一百多个妃子，其中五个用叠音名，一个叫席珠珠，一个叫奚拂拂，一个叫卢臬臬，一个叫徐癸癸，一个叫郑巧巧（参考文献同上）。

南宋话本《碾玉观音》里有个养娘（养娘是宋朝人对丫鬟的俗称，相当于明清时代的“梅香”），在咸安郡王府里上班，因为跟人私奔，惨遭郡王杀害。这个养娘姓璩，名字叫秀秀，也是叠音名。

由此可见，无论在民间还是在宫廷，宋朝都刮起了叠音取名的流行风。

流行归流行，叠音名绝对不是宋朝的主旋律。在宋朝士大夫眼里，叠音名很好玩，很时尚，可是正因为它时尚，所以跟“三从四德”不搭界，只能在女孩小时候使用，一旦到了出嫁年龄，父母必须另给她取一个“规规矩矩”的名字，否则就不好意思把女儿的名字往婚书上写，以免被婆家看不起。

前面说过，陆游的女儿叫陆女女，这其实只是个乳名，拿不到台面上。陆游还给宝贝女儿取过一个比较正规的名字：陆定娘。

多翻翻宋人年谱就知道，凡是出身于士大夫阶层的女生，长大之后几乎没用叠音名的，而且她们的名字都非常严肃，严肃得简直不像是女生的名字。例如苏东坡的结发妻子名叫王弗，王弗死后，老苏又娶了王弗的妹妹王闰之。王弗、王闰之，中规中矩，非常男性化的名字，一看就是大名。黄庭坚有个女儿，大名黄睦。辛弃疾有两个女儿，分别叫辛囷、辛秀，也都是非常严肃的名字。她们有小名没有？肯定有，说不定还是叠音名，但是成人以后就不再使用了，怕人笑话。

为什么长大了用叠音名会被人笑话呢？因为按照宋朝的风俗习惯，只有下贱女人才会一辈子使用叠音名。这里的下贱女人跟人品无关，主要是指从事的职业比较低贱，例如妓女、歌伎、小妾、丫鬟，以及宫廷里最低等级的嫔妃等。

李师师一生都用“师师”这个叠音名，她是妓女。苏小小一生都用“小小”这个叠音名，她也是妓女。《武林旧事》里有一个名叫时春春的女生，她是歌伎。《夷坚志》里有个名叫何燕燕的女士，她是小妾。辛弃疾至少有六个小妾，名字分别是田田、卿卿、香香、整整、钱钱、飞卿，其中五个用叠音名。文天祥家里有位成年女性叫卢抚抚，她的身份也是小妾。

也就是说，叠音名在宋朝是把双刃剑：它可爱，动听，适合被父母拿来称呼幼年的女儿；同时它又散发出风尘的味道，往往沦落为妓女和妾侍的身份标签。所以若是现代女生穿越到宋朝，千万要慎用叠音名，以免引起不必要的误会。

哪种名字最流行

南宋俞成在其著作《萤雪丛说》中写道：

今人生子，妄自尊大，多取文武富贵四字为名。不以“希颜”为名，则以“望回”为名；不以“次韩”为名，则以“齐愈”为名，甚可笑也。

这段话意思是说，宋朝父母给儿子取名，如果用单名的话，喜欢用文、武、富、贵这四个字；如果用复名的话，不是叫作“希颜”，就是叫作“望回”，不是叫作“次韩”，就是叫作“齐愈”，都很可笑。

《宋史》列传中文臣武将多如牛毛，取单名的很少，取双名的很多，文、武、富、贵并不多见，倒是《水浒传》中有笑面虎朱富、旱地忽律朱贵、神机军师朱武三人，取名时分别用了富、贵、武三字，但《水浒传》是小说，而且不是宋朝人写的，所以不足为凭。推想起来，大概应该只有文化水平和欣赏品位都不高的父母才会给孩子取文武富贵这种很俗气的名字，而这样的父母在培养孩子方面可能不占优势，他们的孩子长大后成不了文臣武将，所以没有机会进入《宋史》，所以也就没有机会让我们看到。

希颜、望回、次韩、齐愈，这四个名字倒是很雅致的。希颜和望回的寓意是希望孩子成为颜回那样的圣贤，次韩和齐愈的寓意是希望孩子成为韩愈那样的大儒，寓意很美好，诉求很高尚，不应该被嘲笑。

陆游的母亲像李清照一样是个才女，自小就喜欢秦观的诗词，所以给儿子取名陆游，字务观，意思是希望陆游能拥有秦观秦少游那样的才华。寓意如此美好，诉求如此高尚，凭什么嘲笑人家呢？

俞成之所以发出嘲笑的声音，应该不是因为这样取名不好听，而是因为这类名字妄自尊大，太多了，太流行了，太普遍了，所以显得俗不可耐。

哪种名字不能用

中国有一句俗语：只许州官放火，不许百姓点灯。意思是政治不清明，权利不平等，当权者可以无法无天，老百姓只能忍气吞声。

这句俗语的背后还有一个故事，说是宋朝有一个市长级别的官员，名叫田登，他妄自尊大，禁止治下子民喊他的名字，甚至连跟他名字相近的词都不许说。正月十五快要到了，当地照例要举行三天灯展，可是田登却不许灯展文告中出现“点灯”两个字，因为“点灯”的发音近似“田登”。下属没办法，只好将点灯改成“放火”，最后贴出来的文告是“本州依例放火三日”。百姓们又气又好笑，私下里都说：“哼，只许州官放火，不许百姓点灯！”

这个故事是有来历的，出自陆游的《老学庵笔记》，其真实性应该有保证。

中国人把名字看得很重，君王的名字、上司的名字、长辈的名字、父母的名字，都要避讳，不但不能写，而且不能说，取成名字就更不应该了。这种情形跟欧美习俗完全相反，人家父亲叫尼古拉，儿子还可以叫尼古拉，孙子继续叫尼古拉，祖孙三代都可以重名，而在咱们中国，父辈用过的名字，子孙辈一般是不能再用的，否则就犯了名讳。

宋朝父母给孩子取名，好听不好听倒无所谓，最关键是要避免触犯名讳。比如说宋太祖名叫赵匡胤，此后宋朝皇帝的名字里都不可能再出现“匡”字或者“胤”字，贵族以及百姓的名字里同样不能出现这两个字。

宋朝皇帝有很多，太祖赵匡胤、太宗赵光义、真宗赵恒、仁宗赵祯、英宗赵曙、神宗赵顼……每一代皇帝的名讳都不可以触犯。你给孩子取名时，请把这些皇帝的名字全部剔出去；如果你已经给孩子取过了名字，而新任皇帝的名字恰好跟你家宝宝重名，且不管是重两个字还是只重一个字，你家宝宝都要改名。

宋宁宗时，文官洪迈特意在书中记下五十个字，标记为“帝王讳名”，因为这五十个字全是皇帝们用过的，其他人绝对不能再用了。好在宋朝皇帝们比较有人性，不想让天下臣民动辄触犯“圣讳”，所以从第二任皇帝赵光义开始，每位皇帝在登基以后或者被封为太子的时候，就从两个字的名字改成一个字的名字，这样可以将臣民触犯圣讳的概率降低一半。例如赵光义即位时名光义，即位后第二年就改名赵炅了；真宗曾名元侃，封为太子后改名赵恒；仁宗本名受益，封为太子后改名赵祯；英宗曾名宗实，封为太子后改名赵曙……假如这些皇帝执意不改名字的话，那么南宋大将刘光世就触犯了太宗的名讳（光义），王安石的父亲王益就触犯了仁宗的名讳（受益），后果不堪设想。

仅仅不能触犯帝王名讳也就罢了，宋朝人有时候还会接到特别通知，不能触犯皇后、太后、太后他爹等的名讳。宋仁宗登基时，刘太后垂帘听政，把父亲刘通的名字定为官讳，禁止人们取同样的名字。宋哲宗登基时，太皇太后高氏垂帘听政，又把父亲高遵甫的名字定为官讳。“遵甫”是两个字，避讳起来太难，好在太皇太后格外开恩，让人们只避一个“甫”字。老宰相文彦博的六儿子本名文及甫，自从太皇太后一听政，他就改名为文及了。为啥？本名的最后一个字犯了太皇太后她爹的讳嘛！

顺便补充一下，早在刘太后垂帘听政时期，皇帝头上戴的通天冠因为犯了刘通的通字讳，也像人一样改了名，叫作“承天冠”。宋英宗赵曙登基以后，因为薯药的“薯”字跟御名同音，从此改名叫“山药”。另据吴处厚《青箱杂记》，宋仁宗赵祯登基后，蒸饼（即今之实心馒头）的“蒸”字读音近于祯，从此改称“炊饼”（假如宋仁宗没当皇帝，那么武大郎叫卖的就是“蒸饼”而非“炊饼”）。

宋哲宗时期铸造的“元祐通宝”，现藏台北故宫博物院

您瞧，人名不能犯圣讳，食物和用具也不可以。

古时有“一人得道，鸡犬升天”的神

话，而我们今天说的不是神话，是历史。这段历史用八个字形容，大概是“一人得道，鸡犬改名”吧。

拿数字当名字

我们知道，明太祖名叫朱元璋，朱元璋的父亲名叫朱世珍。朱元璋还有两个哥哥，大哥朱兴盛，二哥朱兴祖。

元璋、世珍、兴盛、兴祖，都是既好听又吉利的名字，但这都是在朱元璋称帝后新改的。朱世珍本名朱五四，朱兴盛本名朱重六，朱兴祖本名朱重七，朱元璋本名朱重八。他还有一个姐夫，本名王七一。再往前追溯，他的曾祖本名朱四九，生了四个儿子，分别取名朱初一、朱初二、朱初五、朱初十。

五四、七一、四九，全是数字。初一、初二、初五、初十、重六、重七、重八，也都包含数字。朱元璋一家为什么要用数字作名字呢？

据俞樾《春在堂随笔》解释，元朝蒙古族入主中原，视汉民如奴隶，禁止汉族平民取名，所以朱氏家族只能用数字作为名字。

实际上是不是这样呢？翻开元曲和元人笔记，汉族平民并不是没有名字。《窦娥冤》里想娶窦娥的那个底层男子叫作“张驴儿”，虽然“驴儿”算不上好名字，但毕竟不像朱元璋一家用数字作名字。

事实上，用数字作为人名绝非元朝首创，早在宋朝就很常见了。

按北宋著名词人秦观秦少游的子孙撰写的家谱，秦观生下秦湛，秦湛生下秦南翁，秦南翁生下四个儿子，分别取名秦小五、秦小十、秦十一、秦二十。秦小十又生秦念八（即二十八），秦念八生秦三十七，秦三十七生秦细二（即小二）……读到此处，读者朋友可能会联想到《水浒传》里的阮氏三雄，没错，他们也是用数字取名：阮小二、阮小五、阮小七。

秦氏家谱是后人续修，可能有误；《水浒传》是元明小说，不足为凭。现在我们再翻开南宋官员的判决文书汇编《名公书判清明集》看看。该书第十四卷有一段判处明教教徒杖刑的判决："祝千二、十三，仇百十四，各杖一百。"第九卷又有一段处理民事纠纷的判决："使丘大二、王三一如黎润祖所论。"同书第六卷还有一段处理土地纠纷的判决："以邻里证之，沈九二等供，当来篱道系夹截于沈百二屋柱上。"

祝千二、祝十三、仇百十四、丘大二、王三一、沈九二、沈百二，这些出现在南宋判决文书里的人名，都是数字。

宋朝是汉族政权，宋朝皇帝并没有禁止平民百姓取正式名字，可是为什么会有这么多的数字名呢？我的解释是，这是江浙民间的一种时尚。陆游《老学庵笔记》记载："今吴人子弟稍长，便不欲人呼其小名，虽尊者亦以行第呼之矣。"江南男子稍稍成年，就不喜欢别人再喊他的乳名，即使是他们的长辈也要按照排行来称呼他们。换言之，前面所说的所有数字名，如千二、十三、九二、百二等，均系排行。包括朱元璋发迹前，其兄弟几人的名字，也都是排行。

俞樾认为元代数字名多为父母年龄相加之和，或者是出生之时祖父的年龄，如"重八"就是指祖父八十八岁，换句话说，朱元璋出生那年，其祖父恰好八十八岁。这种解释明显有误。如前所述，朱元璋大哥叫朱重六，二哥叫朱重七，如果指年龄，不可能兄弟三人出生的时候，其祖父恰好年满六十六、七十七、八十八吧？

合理的解释是，重八的"重"是"又一代"的意思：父祖辈的排行已经出现第六、第七、第八，这一代的老六、老七和老八就必须呼为重六、重七、重八，以免跟上一代和上上一代混淆。

说到这里我再补充一点：古人的排行并不是小家庭内部的排行，而是在整个家族里排行。前述《名公书判清明集》中出现了"仇百十四"这个名字，一个平民百姓的繁殖能力无论多么惊人，都不可能生下一百一十四个儿女，在家庭内部的排行绝对不可能高达一百一十四。但是放到一个几千人的大家族里，同辈兄弟排行到一百多就不足为奇了。

当搞清楚这个道理以后，我们会明白，梁山好汉中的阮氏三雄为什么叫作阮小二、阮小五、阮小七，而不是阮小二、阮小三、阮小四了，因为人家是按照家族里的排行来称呼的，所以在名字上的次序会被分隔开。

当然，考虑到宋朝婴幼儿的夭折率，也有这样一种可能：阮小二前面本来有个哥哥阮小乙（小乙即小一，如浪子燕青燕小乙即燕小一），后面本来有两个弟弟，在阮小五和阮小七之间有一个阮小六，可惜他们都夭折了，最后只剩下阮小二、阮小五和阮小七。

皇家取名套路深

平民取名如此简单，有排行，就有了名字，根本不用费力去琢磨，皇家取名可就讲究多了。

先看看宋朝皇帝的名字吧。

太祖叫赵匡胤，太宗叫赵光义，真宗叫赵恒，仁宗叫赵祯，英宗叫赵曙，神宗叫赵顼，哲宗叫赵煦，徽宗叫赵佶，钦宗叫赵桓，高宗叫赵构，孝宗叫赵昚，光宗叫赵惇，宁宗叫赵扩，理宗叫赵昀，度宗叫赵禥……

“匡胤”的意思是帮助后代，“光义”的意思是光大正义，“恒”是永恒，“祯”是吉祥，“曙”是天亮，“顼”是头戴玉冠者……您瞧，这些大宋皇帝的名字都很典雅，都有美好的寓意，与赵小乙、赵小二、赵小三、赵小四之类的数字名相比，一个在天上，一个在地下。

不过呢，太宗本来并不叫赵光义，他叫赵匡义，因为哥哥做了皇帝，他必须避哥哥的讳，把匡义改成了光义，他的弟弟赵匡美也把名字改成了赵光美。同样道理，当赵光义当上皇帝以后，弟弟赵光美又必须避他的讳，把名字改成了赵廷美。

前面说过，宋朝皇帝比较有人情味儿，不愿给天下臣民添麻烦，为了减轻宗室子弟大规模改名字的负担，从宋真宗开始，一个皇族成员只要被立为太子或者被封为亲王，老皇帝就会去掉他们名字中表示辈分的那个字，把双名变成单名。例如赵炅、赵恒、赵祯、赵曙、赵顼、赵煦、赵佶、赵桓、赵构、赵惇，都是单名。而在当太子或者被封王之前，他们的名字仍旧跟皇族支系中的其他人一样，也都是三个字，表示辈分的中间名与同辈兄弟一样。

宋朝皇族总共分为三个支系，第一个支系是太祖赵匡胤的子孙，第二个支系是太宗赵光义的子孙，还有一个支系是太祖太宗的小兄弟赵廷美的子孙。

如果放在平民家庭，三个支系同属一个家族，当然要编入同一个家谱，取名时当然要遵循同一套辈分。例如我姓李，属于黄河冲积扇平原边缘地区的一个李氏家族，我们家族现在已经繁衍到了两万人，辈分仍然上下分明，我是良字辈，我父亲是明字辈，我祖父是荣字辈，我曾祖是学字辈……我们家族中男性成员取名的时候，只要是大名，中间名一定是按辈分取。比方说，我是良字辈，我的大名叫李良臣，而不是李开周。

宋朝皇族本来也只有一套排辈方法：太祖太宗是匡字辈，他们的儿子是德字辈，儿子的儿子是惟字辈。可是等到宋太宗即位以后，为了让皇位都在他的子孙手中，不让太祖赵匡胤和弟弟赵廷美的子孙染指，他把赵氏家族分成了三个支系：太祖那一支的字辈不变，他和赵廷美的支系都要另起炉灶，单设一支。

宋朝宗室世系表

世代	支派		
第一代	赵匡胤	赵光义	赵廷美
第二代	德字辈	元字辈	德字辈
第三代	惟字辈	允字辈	承字辈
第四代	从字辈	宗字辈	克字辈

续表

世代	支派		
第五代	世字辈	仲字辈	叔字辈
第六代	令字辈	士字辈	统一按“×之”格式取名
第七代	子字辈	不字辈	公字辈
第八代	伯字辈	善字辈	彦字辈
第九代	师字辈	汝字辈	统一按“×夫”格式取名
第十代	希字辈	崇字辈	时字辈
第十一代	与字辈	必字辈	若字辈
第十二代	孟字辈	良字辈	嗣字辈
第十三代	由字辈	友字辈	次字辈

宋太祖那一支的辈分是这样的：

太祖为第一代，匡字辈，名叫赵匡胤；

太祖的儿子为第二代，德字辈，名叫赵德秀、赵德昭、赵德林、赵德芳；

太祖的孙子为第三代，惟字辈，名叫赵惟正、赵惟吉、赵惟固、赵惟忠、赵惟和（后续从略）；

太祖的曾孙为第四代，从字辈，名叫赵从节、赵从说、赵从善、赵从恪（后续从略）；

太祖的玄孙为第五代，世字辈，名叫赵世程、赵世卓、赵世安、赵世将（后续从略）；

太祖的高孙为第六代，令字辈，名叫赵令超、赵令言、赵令畤、赵令广（后续从略）；

再往下，第七代为子字辈，第八代为伯字辈，第九代为师字辈，第十代为希字辈，第十一代为与字辈，第十二代为孟字辈，第十三代为由字辈。

宋太宗那一支的辈分是这样的：

太宗为第一代，匡字辈，本名赵匡义，改名赵光义，后又改名赵炅；

太宗的儿子为第二代，元字辈，名叫赵元侃（即后来的宋真宗）、赵元佐、赵元僖、赵元份（后续从略）；

太宗的孙子为第三代，允字辈，名叫赵允升、赵允言、赵允熙、赵允让（后续从略）；

太宗的曾孙为第四代，宗字辈，名叫赵宗实（即后来的宋英宗）、赵宗述、赵宗诱、赵宗孟（后续从略）；

太宗的玄孙为第五代，仲字辈，名叫赵仲衢、赵仲先、赵仲翩、赵仲琄（后续从略）；

太宗的高孙为第六代，士字辈，名叫赵士程、赵士化、赵士贩、赵士嚣（后续从略）；

再往下，第七代为不字辈，第八代为善字辈，第九代为汝字辈，第十代为崇字辈，第十一代为必字辈，第十二代为良字辈，第十三代为友字辈。

赵廷美那一支则非常独特，首先是子孙繁衍相对偏少，人丁不旺，其次是没有规范的辈分。举例言之，赵廷美有一个儿子叫赵德隆，德字辈，与太祖的儿子辈分相同。可是赵德隆的儿子却是承字辈，名叫赵承训。赵承训的儿子是克字辈，孙子是叔字辈，到了曾孙，突然没有了明显的辈分，名字都叫“× 之”，如赵挺之（与李清照的公爹同名）、赵羡之、赵珣之、赵升之。“× 之”的下一代都是公字辈，公字辈的下一代都是彦字辈，彦字辈的下一代突然又变成了“× 夫”，如赵绅夫、赵议夫、赵环夫、赵介夫。

赵廷美支系的名字已经很怪异了，宋太宗支系的名字更加怪异。

太宗支系的第七代是不字辈，这一代人的姓名统统都是“赵不 ×”。有些名字还算典雅，如赵不器（取义“君子不器”）、赵不虚（取义“真实不虚”）、赵不惑（取义“四十不惑”）、赵不屈（取义“威武不能屈”）、赵不移（取义“贫贱不能移”）等。有的名字却非常奇葩，容我抄录下来，以飨读者：

赵不呆、赵不干、赵不学、赵不通、赵不薄、赵不法、赵不测、赵不困、赵不亏、赵不贱、赵不近、赵不远、赵不亮、赵不暗、赵不进、赵不退、赵不俗、赵不伪、赵不愦、赵不怒、赵不骄、赵不傲、赵不轻、赵不满、赵不衰、赵不败、赵不悔、赵不吝、赵不解、赵不耻、赵不问、赵不泪、赵不弃、赵不群、赵不平、赵不忧、赵不患、赵不文、赵不武、赵不嫖……

看到这些名字，我马上想起金庸小说《笑傲江湖》里的华山派——华山少侠令狐冲的师父岳不群就是不字辈，他的同门师兄弟分别叫封不平、丛不弃、成不忧。不知道金庸先生当初给华山派人物取名时，是不是恰好读到《宋史·宗室世系表》中宋太宗支系第七代的名字呢？

同样一个字，古今含义大不相同，例如“赵不嫖”的“嫖”字，现在有嫖娼的意思，很不雅，古义却为“轻浮”，不嫖者，很稳重，不轻浮是也。

不字辈人丁兴旺，繁衍到了一千多人，不可避免会出现重名的现象。据我粗略统计，太宗子孙中至少有七个人都叫“赵不器”，有四个人都叫“赵不愚”，另外还有四个“赵不求”、三个“赵不武”、三个“赵不愦”、两个“赵不惑”。这些人的父亲为他们取名时，未必知道会跟其他宗室子弟重名，因为人数实在太多了，大家互相不认识，只有管理宗室档案的官员才能搞清每一个“赵不 ×”的详细信息。

据《建炎以来系年要录》记载，南宋初年，宋高宗被金兵赶得四处逃亡，途中遇到一个宗室子弟。高宗问道：“你是哪个支系的子孙？”答曰太宗那支。高宗又问：“你是什么辈分？”答曰不字辈。“那你叫什么名字呢？”答曰赵不衰。高宗大喜：“赵氏不衰，好名字，好名字，看来我们赵家江山兴复有望啊！”当场封赏了这位赵不衰。其实按照辈分，宋高宗也是不字辈，与赵不衰同辈，按照排行，他应该喊人家哥哥或者弟弟，但他不认识这位同辈兄弟，还得仔细询问一番，才能知道对方的支系、辈分、排行和名字。

仔细研究太祖太宗两个支系的宗室名字，还能发现两条规律。

第一，同辈子孙除了统一使用某个中间字取名外，第三个字的偏旁有时也会保持一致，看上去非常规范。例如宋太祖以下第十代，名字分别叫赵希倜、赵希俅、赵希俶、赵希倢，都是单人旁。类似规律在民间也能见到，例如苏东坡的父亲、二伯父和大伯父，分别叫苏洵、苏涣、苏澹，偏旁都是三点水；苏东坡兄弟俩的大名分别叫苏轼和苏辙，都是车字旁；苏轼与苏辙的儿子又分别取名苏迈、苏迨、苏过、苏迟、苏适、苏远等，偏旁都是走之。

第二，上辈与下辈之间的名字中如果用五行做偏旁，则一般都会遵循五行相生的规律。比如祖父叫赵与玎，父亲叫赵孟钲，孙子叫赵由治。玎字有土，钲字有金，治字有水——土生金，金生水。这个规律在北宋和南宋前期并不明显，直到南宋后期才凸显出来。

到了明朝，皇帝给后代子孙取名，五行相生的规律更加明显，大家如果不信，我们来捋一下：

明成祖朱棣，棣属木，木生火，所以朱棣给儿子明仁宗取名朱高炽；

火能生土，朱高炽给儿子明宣宗取名朱瞻基；

土能生金，朱瞻基给儿子明英宗取名朱祁镇；

金能生水，朱祁镇给儿子明宪宗取名朱见深；

水又生木，朱见深给儿子明孝宗取名朱祐樘。

再往后，明武宗朱厚照、明世宗朱厚熜、明穆宗朱载垕、明神宗朱翊钧、明光宗朱常洛、明熹宗朱由校、明思宗朱由检，以及最后不知下落的皇太子朱慈烺，名字中都有非常明显的五行偏旁，父代的名字与子代的名字都严格遵循着五行相生的规律。

第三章

上学

八岁上小学

《村童闹学图》(苏绣)

苏东坡写过这样一首诗：

我梦入小学，自谓总角时。

不记有白发，犹诵论语辞。

东坡梦见自己回到童年，回到上小学的年纪，他在梦里诵读着《论语》，就像现在的小朋友在课堂上大声朗读课文一样。

这首诗用了一个词：总角。

总角是将头发梳成两个小小的发髻，一左一右绾在头顶两侧，就像长了两只角。古代小朋友到了八岁左右，一般都要梳这样的发型，而苏东坡刚好就是在八岁那年开始读小学的。他在纪念小学同学陈太初的文章里写道："吾八岁入小学，以道士张易简为师，童子几百人，师独称吾与陈太初者。"我八岁上小学，授业恩师是一个名叫张易简的道士，学校里几百个学生，只有我和陈太初受到张老师的夸奖。

根据《中华人民共和国义务教育法》的规定，儿童入小学的法定年龄是六周岁（也可推迟到七周岁），通常中国父母送孩子入学的年龄也是六岁到七岁之间。苏东坡八岁才入学，是否太晚了呢？

首先我们要知道，苏东坡说的是虚岁，而不是周岁，他说八岁入学，实际上是指七岁入学。其次，八岁（七周岁）入学是古代中国的通例，今天看或许偏晚，但在古代却是最适宜的入学年龄，既不算早，也不算晚。

东汉经学家许慎说过“八岁入小学”。宋朝大儒朱熹也说：“人生八岁，则自王公以下至于庶人之子弟，皆入小学。”

现在中国公立小学对入学年龄卡得很严，不满六周岁是不能入学的，古代并没有这样的限制。唐朝医学家孙思邈七岁入小学，南宋大诗人陆游六岁入小学，岳飞的孙子岳珂则是在五岁那年就上了小学。凡是智力超常的孩子，不用理会八岁入学的老规矩，五六岁就可以让他上小学了。

宋朝有八岁以前入学的事例，也有八岁以后入学的事例。《宋会要辑稿·崇儒》载：“诸小学八岁以上听入。”官办小学既接收刚满八岁的孩子，也接收八岁以上的孩子。

另外还需要说明的是，宋朝只有小学和大学，小学毕业即可考大学，中间没有中学。因为这个原因，小学的就读时间变得很长，少则五六年，多则十余年。宋徽宗政和年间，首都开封的官办小学里共有学生一千人，年龄最小的六岁，最大的三十三岁，平均年龄十四岁。为什么宋朝小学生的平均年龄会比现代小学生大那么多？正是因为当时的小学生并不仅仅包括现代意义上的小学生，还包括很多现代意义上的中学生。

每天学习多长时间

小学一年级人教版语文课本里有一首清代诗人高鼎的《村居》：

草长莺飞二月天，拂堤杨柳醉春烟。

儿童散学归来早，忙趁东风放纸鸢。

春天来了，杨柳绿了，村子里的小学生放学回家，趁着东风放起了风筝，奔跑着，嬉闹着，玩得非常开心。

“儿童散学归来早”，意思是放学很早。究竟有多早？诗人没说。

南宋大臣魏了翁回忆说：“予自幼与内外群从兄弟皆从杜德称先生游，虫飞而兴，日三商而罢，夜窗率漏下二十刻，受馆十余年犹一日也。”（《鹤山全集》卷八十三《杜隐君希仲墓志铭》）魏了翁小时候，族人共同聘请了一位私塾先生，为族中子弟授课，每天凌晨入塾就读，太阳落山放学回家，晚饭后还有自修，直到“漏下二十刻”结束，也就是夜里10:00左右方才就寝。

南宋另一位大臣袁甫小时候是跟着父亲就读的，每天学习也很刻苦：“甫自幼洎长，侍先君子侧，平旦集诸生及诸子，危坐说书，夜再讲，率至二鼓，无倦容。”（《蒙斋集》卷十一《挈斋家塾书钞后序》）袁甫的父亲是老师，一大早就让学生们集合，他正襟危坐授课。白天讲完，晚上接着讲，一直讲到二更天。古人将一夜分为五更，二更指的是晚上9:00到11:00之间。

宋宁宗庆元五年（1199年），魏了翁中了探花。宋宁宗嘉定七年（1214年），袁甫中了状元。他们两位之所以能取得如此优异的成绩，跟小时候刻苦攻读应该是分不开的。

宋朝没有暑假

现在无论小学生、中学生还是大学生，每年都会放暑假，这几乎是全世界的通例。

有人说，暑假源于私塾。古代没有空调，没有风扇，在私塾里读书的小朋友怕热，老师也怕热，为了避免在课堂上中暑，就得给大家放假。由于这种假期是私塾放的，所以叫“塾假”，后来以讹传讹，就演变成了“暑假”。

这个说法很有意思，可惜不符合史实。

过去稍大一些的私塾，一般都制定了学规，也就是学生守则，其中一部分学规留存至今，在现代图书馆里可以读到，例如《社学要略》《义学约》《义学规条》《家塾规》《家塾常仪》等。这些学规中最早的可以追溯到南宋，最晚的一份出于民国，不过无论时代早晚，没有任何一份学规提到放暑假的规定。

宋朝官府注重教育，除了遍地开花的私塾，还有书院以及完全官办的县学、州学、府学、太学、国子学。书院与官学同样是有学规的，如宋仁宗时的《京兆府小学规》、宋神宗时的《并州学规》、宋理宗时的《白鹿洞书院揭示》和《丽泽书院规约》，以及后来元朝的《庙学典礼》、明朝的《皇明太学志》、清朝的《岳麓书院学规》，包括康有为、梁启超师徒创办新式学堂时制定的《湖南时务学堂学约》，都不曾提到放暑假。

1905年，教育改革家严范孙先生批判中国的旧式教育，说了这么一句话：“往者学校未兴，吾国儿童无毕业之期，无寒暑之休，无实验之法，无体操之训。”过去新式学校尚未兴起，中国儿童享受不到现代化的教育，没有毕业年限，没有科学实验，没有体育课程，也没有寒假和暑假。

由此可见，不仅是宋朝，整个古代中国都是没有暑假的。

中国学校是什么时候才开始放暑假的呢？答案是清朝末年。

清朝末年，西学东渐，传教士创办的教会学校在各大城市遍地开花，将西方的现代教育模式带到了中国，也把欧美等国放暑假的习惯带了进来。出生于清朝末年的翻译家穆木天先生读过私塾，也读过教会学校，他在回忆录中写道：“教会学校放暑假、寒假和圣诞假，这在旧式学堂里是没有的，所以倍觉新鲜。”

儿童教育家陈鹤琴先生幼年也是在私塾就读，后来考入杭州的一所教会中学，他说他在中学度过了求学生涯中的第一个暑假，那一年是光绪三十二年（1906 年）。

教会学校刮来新风的同时，清政府也派人出国考察新式教育，将体育课、实验课、学期制和寒暑假制度一起搬运回国。大约从 1903 年开始，清廷创办的新式学堂里渐渐出现了放暑假的现象。

不过从清末到民国，新式学校与传统私塾一直并存，私塾通常不放暑假。直到 20 世纪 30 年代国民党政府完成对私塾的强制性改革以后，暑假才得以普及。

官办学校不收费

据南宋笔记《都城纪胜》记载，临安府中学校甚多，除太学、武学、宗学、京学、县学等官办学校外，“其余乡校、家塾、舍馆、书会，每一里巷须一二所，弦诵之声往往相闻”。乡校、家塾、舍馆、书会，这些都是私立学校或者民间的学习型社团，比官办学校数量更多，每一个社区，每一条小巷，都能找到一两所，到处都能听到悦耳的琅琅读书声。

这么多学校，有收费的，也有免费的。一般来说，官办学校基本上都免费，私立学校基本上都收费。

宋徽宗在位时，宋朝财政实力达到顶峰，官办学校也进入了最繁荣最兴盛的时期。那时候，县有县学，州有州学，府有府学，中央有太学。县学、州学、府学、太学，统统不收学费。

虽说不收学费，杂费还是要收一些的。《宋会要辑稿・崇儒》载：“县学并州县小学更不给食，愿陪厨者听。”在县立大学、县立小学、州立小学这三种学校读书，学费可免，伙食费不可免，学生要么回家吃饭，要么交一笔伙食费，在学校食堂就餐。

太学是宋朝最高学府，既免学费，也免伙食费。陆游《老学庵笔记》载：“士人入辟雍，皆给券。”读书人一旦考入太学，就可以领到一张永久免费的用餐券。

在宋朝所有学校当中，太学的用餐标准也是最高的。宋宁宗嘉定年间，一个名叫罗大经的学生在太学读书，“近时诸斋，亭榭帘幕，竞为靡丽，每一会饮，黄白错落”（罗大经《鹤林玉露》）。每个班级的教室都美轮美奂，像花园别墅，学生们定期聚餐，席上餐具有金有银，错落有致。

在北宋后期以及南宋中后期，太学生考试很频繁，每月一小考，每季一大考，每年一终考，每次考试完毕，太学必设丰美宴席来犒劳学生。另外每月初三、初八、十三、十八、二十三、二十八这几天，都是太学生打牙祭的日子，伙食标准较常日再提升一级。

《苕溪渔隐丛话》记载太学主食，春秋两季为馒头，夏天为冷面，冬天为包子（宋时称包子为馒头，详见拙著《吃一场有趣的宋朝宴席》），“而馒头尤有名，士人得之，往往转送亲识”。太学包子是出了名的美味，学生们吃不完，打包带回去送给亲友。宋神宗即位后，唯恐太学生吃不好，专程去太学食堂视察工作，拿起一个包子尝了尝，说：“以此可以养士矣！”嗯，味道不错，用这么好吃的包子为国家培养人才，够资格！

不过在宋神宗即位前，并非所有的太学生都能免费用餐。例如宋仁宗庆历年间，“太学内舍生二百员，并官给日食……”（《宋会要辑稿·崇儒》）。太学生按入学时间和成绩好坏分为上舍生、内舍生、外舍生。外舍生年终考试成绩优异，可以升入内舍；内舍生两年以后再考，成绩优异者升入上舍；上舍生两年后再考，成绩优异者即可做官。上舍生和内舍生吃饭不花钱，外舍生则要自备伙食。

兄弟们，为了能免费享用无比美味的太学包子，赶紧努力学习吧！

太学生怎样请假

我们知道，李清照的第一任老公是赵明诚，她刚过门时，赵明诚还是个尚未毕业的太学生。

关于李清照夫妇的新婚生活，《金石录后序》中是这么写的：

余建中辛巳，始归赵氏。时先君作礼部员外郎，丞相时作吏部侍郎。侯年二十一，在太学作学生。赵、李族寒，素贫俭。每朔望谒告出，质衣，取半千钱，步入相国寺，市碑文果实归。

宋徽宗建中靖国元年（1101年），李清照嫁给赵明诚。当时李清照的父亲李格非是礼部员外郎，赵明诚的父亲赵挺之是吏部侍郎。赵明诚二十一岁，正在太学读书，平常不能回家，让李清照独守空房，到了每月的初一和十五，才请假出校，回家探亲，小两口一起去逛相国寺。

宋朝太学没有寒暑假，也没有周末，一年当中只有春节、冬至、清明节三个假期。赵明诚新婚燕尔，想念娇妻，等不到放假，只能请假。

请假须有正当理由，最正当的理由是家中有长辈亡故（可以请到二十七个月的长假），或者父母年迈体弱，乏人侍奉。但是这两种理由都是可一可二不可三的，请一两次还可以，第三次就会令人生疑。赵明诚每月初一和十五都要回家，自然需要别的理由。

用什么理由才可以频繁请假呢？一条是“肠肚不安”，一条是“感风”，也就是拉肚子以及闹感冒。

太学生出身的南宋官员陈鹄在其著作《西塘集耆旧续闻》中写道：

如有故不宿，则虚其夜，谓之“豁宿”。故事，豁宿不得过四，遇豁宿，历名下书“肠肚不安，免宿”……余为太学诸生，请假出宿，前廊置一簿，书云“感风”。

太学生应该在校内住宿，如果请假外出，称为“豁宿”。每月豁宿不能超过四次，而且每次豁宿前都要在请假簿上注明理由，例如，拉肚子、闹感冒，需要回家看病，不然会弄脏宿舍、传染同学的。

我估计，赵明诚每月两次请假回家和李清照团圆的时候，他的理由大概也是感冒和拉肚子。在那个含蓄内秀的时代，他不可能这样请假："报告老师，我想老婆了，我要回家！"那会被开除学籍的。

宋朝学校里有没有女生

宋朝是才女辈出的朝代。

李清照是才女，自不待言，此外如朱淑真、吴淑姬、贺罗姑，都是才女。陆游的母亲唐氏自幼倾慕秦观诗词，说明她也是才女。王安石的妻子吴氏能填词，能写一手好文章，更是才女。王安石还有一个女儿，嫁给了老同学吴充的儿子吴安持，过门之后，她想念家乡，写过这样一首诗：

西风不入小窗纱，秋意应怜我忆家。

极目江山千万恨，依前和泪看黄花。

诗风清丽可喜，可见也是一个才女。

才女不是天生的，一个女孩无论智商多高，如果没有人教她读书识字，绝对不可能成为才女。当然，男孩也一样。

李清照之所以能成才女，是因为自幼受到良好的家庭教育——她父亲李格非是散文名家，写过脍炙人口的《洛阳名园记》。作家父亲培养作家女儿，顺理成章，水到渠成，甚至可以说天经地义。

陆游的母亲唐氏之所以能成才女，也是因为良好的家庭教育。陆游的外曾祖父唐介是宋仁宗时著名的谏官，跟包拯交情莫逆。

王安石的妻子和女儿之所以能成才女，更与好家教分不开。妻子吴氏出身于临川望族，女儿当然更不用说，那是大政治家兼大学问家的女儿。

事实上，王安石的三个妹妹也都能写诗。"草草杯盘供笑语，昏昏灯火话平生"，就是他的大妹写下的佳句。追根溯源，还是因为王家世代书香，家教优良——王安石的祖父王用之和父亲王益都是进士，极其重视子女教育。

总而言之，宋朝才女之所以成为才女，主要是因为家教，而不是因为学校。因为在那个时代，无论是官办的太学、府学、州学、县学，还是民间的私塾和半民间的书院，都是不收女生的，否则李清照身为京官之女，完全有资格与夫君一起入太学，也用不着让赵明诚每月两次请假回家了。

北宋志怪小说《青琐高议》后集第八卷写过一则传奇故事：

宋仁宗至和二年（1055年），一个名叫温琬的女孩呱呱坠地，她的父亲是个商人，在她周岁时病故，她的母亲将她寄养在姨母家。温琬自幼爱学，苦于无人教导，于是女扮男装去私塾就读，同学们跟她相处一年有余，竟不知道她是女生。

长大后，温琬没有生活来源，不得已流落为娼，但是仍然不忘读书。她熟读儒家经典，能将《孟子》倒背如流，并著有《孟子解义》八卷，对经书的理解不亚于饱学宿儒，连司马光都对她赞赏有加，是当时名副其实的才女。

温琬的故事很励志（流落为娼除外），但也反映了一个客观现实，那就是宋朝的私塾不收女生。如果女生可以入学，她干吗要像祝英台那样女扮男装呢？

神童是怎样炼成的

女生不能入学，一是因为女性的社会地位低，二是因为“男女之大妨存焉”，怕男女同校有伤风化，三是因为女性不能做官（最多只能在宫里做女官），家长失去了送女儿上学的动力。

对于儿子，宋朝父母却满怀期望地倾注心血，强烈渴望能将他们培养成神童。

宋朝虽然已经普及科举，但平民子弟在仕途上仍然困难重重，一是参加地方考试（解试）时被选送进京的概率低于官员子弟，二是考中进士（省试）的概率低于官员子弟，三是参加公务员考试（关试）时获得保荐的概率低于官员子弟，四是做官后再参加升官考试时获得保荐的概率同样低于官员子弟。除此之外，平民子弟其实还存在第五项劣势：家庭条件通常较差，要么没有读书的机会，要么在科举落第之后和重新应考之时，得不到持续的经济支持。

可是一旦将孩子打造成神童，就有可能被地方官保送进京，参加由皇帝亲自主持的面试，只要获得皇帝认可，就有机会做官，甚至还可能做大官。例如，北宋大臣杨亿、晏殊以及南宋大臣胡颖，走的都是这条捷径。

关键是，怎样才能把孩子打造成神童呢？那些望子成龙的宋朝老百姓是这么做的："小儿不问如何，粗能念书，自五六岁即以次教之五经，以竹篮坐之木杪，绝其视听。教者预为价，终一经，偿钱若干，昼夜苦之。"（叶梦得《避暑录话》）

且不管孩子智商如何，从五六岁时就教他读诵《尚书》《周易》《诗经》《礼记》《春秋》。如果父母不认字，就聘请家教，按照孩子背诵的篇章多寡给家教付酬。比如说孩子这个月背熟了《尚书》，奖给家教五千块钱；下个月孩子又背熟了《周易》，再奖给家教五千。总之是论件计酬，公平交易，像模块化生产一样生产神童。

才五六岁的孩子，肯定贪玩，肯定对佶屈聱牙的古文经典不感兴趣，你让他背书，他背着背着就溜出门玩耍去了。怎样才能让孩子专心学习呢？这些家长的办法简直绝了：找一只大小合适的竹篮，把孩子和经书打包塞到篮子里，再把篮子吊到高高的树梢上去。孩子背累了想玩耍，从篮子里探出小脑袋往下瞧，哎呀妈呀，下不去啊！哇哇哭两声，大人不理，只好继续学习。

我们来看看宋朝官修历史上记载的那些神童吧。

段祐之，开封人，十一岁会背四经，被宋真宗赐予"童子出身"（即经由朝廷认证的神童）。

邵焕，睦州人，十二岁会作诗赋，被宋真宗任命为"秘书省正字"。

重轲，南康军平民子弟，六岁能背易经，而且会用易经占卦，被宋真宗赐予童子出身。

徐世长，楚州人，十二岁能背五经，被宋真宗赐予童子出身。

徐世昌，徐世长的弟弟，八岁能背三经，被宋真宗赐予童子出身。

朱天锡，饶州人，九岁能背七经，被宋神宗赐予童子出身，并赐钱五万。

朱天申，朱天锡的从兄，十二岁能背十经，被宋神宗赐予童子出身。

朱君踄，饶州人，九岁能背六经，被宋哲宗赐予童子出身，并赏赐丝绸二十匹。

朱君陞，朱君踄的哥哥，十岁能背十经，被宋哲宗赐予童子出身，并赏赐丝绸三十匹。

朱虎臣，饶州人，十岁能背七书，并且能射箭，能排兵布阵，被宋高宗赐予武职官衔“承信郎”。

张揉，饶州人，九岁能背九经，并且能作古体诗，被宋高宗赐予文职官衔“迪功郎”。

上述神童各有特长，有的能口占诗赋，有的能背诵经书，还有的内外双修、兼备文武，不过大多数神童都是靠背诵经书上位的。这也难怪，小孩子记忆力好，理解力不行，只要加强训练，完全有可能将几本经书背到滚瓜烂熟的程度。但是如果想要口占诗赋或者文武双全，那就必须具备惊人的天赋，天资普通的孩子再怎么强化训练都不行。

有鉴于此，背诵就成了宋朝神童的速成大法。用宋高宗的话说：“朕自即位以来，童子以诵书推恩多矣。……向有万顷，自言能诗，尝指金唾壶命题试之，笔搁不下，盖出其不备耳。”自从朕即位以来，大部分神童展示的才能都是背书，并没有别的本事。曾经有一个名叫万顷的孩子毛遂自荐，说自己会写诗，高宗指着黄金痰盂让他写一首，他一个字都写不出来。这种孩子大概只会“写”一些精心准备过的诗，碰到临时命题，就没戏了。

第四章

婚嫁

宋朝流行早婚

司马光二十岁（虚岁，下同）中进士，并在这一年娶了礼部尚书张存的女儿。

黄庭坚二十三岁中进士，并在这一年娶了著名经学家孙觉的女儿。

欧阳修二十四岁中进士，两年后才成家，娶了恩师胥偃的女儿。

司马光、黄庭坚、欧阳修，他们仨都是先中进士，再娶媳妇，正应了那句老话："洞房花烛夜，金榜题名时。"双喜临门，好福气。

欧阳修二十六岁结婚，黄庭坚二十三岁结婚，放在今天还算合适，司马光的成婚年龄未免偏早了一些。如前所述，他二十岁娶妻，还是虚岁，实际年龄仅十九岁，与今日中国男性二十二岁才能成婚的法律规定相比，他当然属于早婚。

不过在宋朝，比司马光结婚还要早的例子多了去了。

苏东坡的爸爸苏洵十八岁那年就娶了苏东坡的妈妈，当时苏东坡的妈妈也是十八岁。

苏东坡本人十九岁那年就娶了第一任妻子王弗，当时王弗才十六岁。

苏东坡的弟弟苏辙十六岁娶妻，当时他的妻子才十五岁。

苏东坡的三姐苏八娘十六岁出嫁，男方程正辅十七岁。

李清照在《金石录后序》中提到自己的出嫁年龄："自少陆机作赋之二年。"陆机二十岁作赋，可见清照是在十八岁那年出嫁。这里的十八岁仍为虚岁，实际年龄才十七，今日中国女孩子的法定婚龄是二十岁，李清照比这一法定婚龄早了三年。

当然，女生满二十岁才能成婚只是现在的法律规定，宋朝的法律规定要比这早得多。北宋前期法典《宋刑统》规定："男年十五，女年十三以上，并听婚嫁。"男生虚岁超过十五，女生虚岁超过十三，就可以结婚了。所以说，李清照、苏东坡、苏洵、司马光等人都是过了当时的法定婚龄才结的婚，并没有违法，就连苏辙妻子的十五岁（周岁十四）成婚也是合法的。

男方虚岁十五，女方虚岁十三，都是孩子，生理上或许已经成熟了，心理年龄还远远不够，既没有独立谋生的本事，又没有抚养后代的能力，让人家这么早就结婚，很不负责任嘛！

早婚的司马光大概发现了早婚的风险，所以他在《司马氏书仪》一书中提出了较为科学的结婚年龄："男年十六至三十，女子十四至二十，身及主婚者无期以上丧，皆可成婚。"男方虚岁在十六到三十之间，女方虚岁在十四到二十之间，男女双方及主婚人又都不在亲人的丧期之内，方才可以谈婚论嫁。

司马光提出的结婚年龄仅比宋朝法定婚龄大一岁，用我们今天的眼光来看，其实还是属于早婚。

表哥娶表妹

南宋晚期小说集《醉翁谈录》甲集第二卷中有这么一则故事：

绍兴一官员张某，膝下一男一女，儿子名叫阿麟，女儿名叫琼娘。十余年后，儿女谈婚论嫁，阿麟娶妻梁氏，琼娘嫁给了一户姓吕的人家。婚后不久，琼娘和阿麟的媳妇梁氏都怀了身孕，琼娘向梁氏提议道：你我现是熟亲，情爱无间，若我二人生下男女，当再结姻亲，益修前好。咱们两家现在是至亲，关系好得不得了，假如我生的是儿子，你生的是女儿，我们就要亲上加亲，让两个孩子成婚配对。梁氏听了这个建议，连连称好。

十月怀胎，一朝分娩，琼娘果然生了一个儿子，取名星哥；梁氏果然生了一个女儿，取名织女。姑嫂二人每次会面，都会重新提到之前的盟约，一心要让星哥和织女结成夫妻。星哥和织女渐渐长大，也互相有了思慕之心。

但是事与愿违，梁氏的公爹（也就是琼娘的父亲）张某趋炎附势，结交权贵，非要把织女嫁给一个高官的儿子。织女与星哥一合计，决定私奔，于是双双逃到成都，在四川结成了夫妻。

在这个故事里，织女与星哥是姑表兄妹，两人的婚姻关系属于典型的近亲结婚。近亲结婚不符合优生学的原理，所以被我国现代婚姻法所禁止。但是宋朝人还没有认识到近亲结婚的危害，姑嫂之间和姊妹之间往往热衷于亲上加亲，于是表哥娶表妹就成了司空见惯的现象。

我们知道，陆游的第一任妻子名叫唐琬，她是陆游的舅舅唐仲骏的女儿，也是陆游的妈妈唐氏的侄女。陆游娶唐琬，正是表哥娶表妹的例证。

假如不考虑优生学，表亲结婚对女方来讲还是有好处的：姑表亲结婚，婆婆是自己的姑妈；姨表亲结婚，婆婆是自己的姨妈。姑妈疼侄女，姨妈疼外甥女，乃是人之天性，婆媳之间有亲情，容易相处，儿媳不会受到婆婆虐待。

可惜陆游和唐琬的婚姻是个特例，因为陆游的母亲竟然十分讨厌自己的儿媳兼侄女，硬逼着陆游跟唐琬离了婚。陆游很爱唐琬，可是母命难违啊，只能照办。后来唐琬改嫁，陆游再娶，两人在城郊花园中偶然相会，那真叫一个伤心欲绝。

那么陆游的母亲为什么要让陆游和唐琬离婚呢？有三种解释：

第一，老太太看不惯儿子和儿媳卿卿我我，吃醋了；

第二，她希望陆游建功立业，不想让他沉迷于儿女私情；

第三，唐琬不会生育。

据我分析，最后一个解释可能才是最符合史实的解释。

唐琬与陆游在一块儿生活时，没有生下一儿半女。后来她改嫁给宋太宗的第六代孙、陆游的远门表兄弟赵士程，仍然没有生下一儿半女。赵士程有一个儿子，名叫赵不柠，但是这个儿子并非唐琬所生，而是赵士程的小妾所生。

再看陆游，他与唐琬离异后，续娶了一个姓王的姑娘，此后又接连纳了几个小妾。这些妻妾总共为陆游生下七个儿子，以及至少一个女儿。由此可见，陆游是有生育功能的，唐琬没有。

《孟子》云："不孝有三，无后为大。"古代的中国人，特别是老年人，将生养子嗣看得比天还大。《仪礼疏》则更进一步，将"无子"作为男人休妻的七条合法理由的第一条。唐琬嫁入陆家，不能帮陆家生养后代，分明犯了七出之条，陆游与她离异，在那个时代是合情合理也合法的。

同姓不婚

记得大学毕业那年，一位男同学和一位女同学结婚，在酒店里举行婚礼。按照规矩，我要送上一笔礼金，顺便再去喝一顿喜酒。为了不耽误喝喜酒，那天我老早就赶到酒店，只见大门口电子屏幕正滚动播放如下内容：

恭贺张 ×× 先生、王 ×× 小姐，喜结良缘，永结同心。

我看得一愣，不对啊，这对新人我都认识，都是我的同学，×× 小姐明明姓张，怎么改姓王了？莫非酒店工作人员马虎大意，把字幕弄错了？又或者张 ×× 先生和张 ×× 小姐闹翻，临时换人，另娶了一位姓王的姑娘？

我赶紧杀进大堂，新郎在，新娘还没到。我把新郎拉到一边，悄悄问他："哥们儿，王 ×× 是谁？"

他说："就是张 ×× 啊！"

"她怎么改姓了呢？"

"嗐，婚礼主持人让改的呗！人家说我们俩都姓张，不太吉利，临时给她改个姓，等结完婚再改过来。"

我恍然大悟。

同姓男女不能成婚，这是中国的传统习俗。

《左传》云："男女同姓，其生不蕃。"同姓男女婚配，不利于繁衍后代。

《国语》云："娶妻避其同姓，畏乱灾也。"娶妻要避开同姓，否则上天会降下灾祸。

《白虎通》云："同姓不得相娶，皆为重人伦也。"同姓之间为什么不能婚配呢？因为违背人伦。

二十四史中的《北史》载有北魏孝文帝关于婚配的论断："夏、殷不嫌一族之婚，周世始绝同姓之娶。"假如北魏孝文帝没有说错的话，在传说中的夏朝和远古的商朝，同姓同族应该还是可以成婚的，但是从周朝开始，同姓不婚已经成为中华习俗的一部分。

在远古中国，同姓往往意味着同族，意味着同处一个部落，部落成员血缘相近，血脉相同，假如结婚，那就是近亲结婚。咱们现代人都知道，近亲结婚违背优生学，生出的后代有可能存在智力或生理上的先天缺陷。先民未必懂得优生学，不过他们在漫长的近亲婚配史中必定发现了许多失败的案例，渐渐认识到近亲结婚不好，最终将同姓同宗的婚配列为禁忌（但是却没有将表亲婚配列为禁忌）。

按《左传》记载，晋国公子重耳逃到郑国，郑文公不接待他。为什么不接待呢？因为重耳他爹姓姬，他妈也姓姬，他是同姓婚配的产物，所以重视同姓不婚传统的郑文公看不起他。

从周朝到秦汉，从魏晋到唐宋，中国一直有同姓不婚的风俗，甚至还把这个风俗上升到了法律层面。以宋朝律法为例："诸同姓为婚者，各徒二年。"同姓的一男一女结婚，被官府发现，将会处以为期两年的徒刑。

当然，古代中国的法律和现实往往是脱节的，纸面上的规定未必总能在现实中得到实施。

查《三朝北盟会编》："俊有爱妾，钱塘妓张秾也，知书，俊文字，秾皆与之。"说的是南宋大将张俊纳杭州妓女张秾为妾，张秾知书达礼，文化水平高，张俊平日里的公文和书信，都由张秾代为处理。

张俊姓张，张秾也姓张，他和她同姓，但是却结了婚。

大家可能认为，同姓不婚仅限于娶妻，不限于纳妾，张俊娶一个同姓的小妾，并不违背传统习俗。但是被儒家奉为传统习俗之圣经的《礼记·曲礼》写得很清楚：“取妻不取同姓，故买妾不知其姓，则卜之。”娶妻不可以娶同姓，纳妾也不可以纳同姓，假如在战乱之际和风化之地纳妾，无法得知妾的姓氏（例如女方自幼被拐卖，不知道生身父母是谁），那就要请神仙来帮忙，好好占卜一下。假如占卜结果显示该妾与你同姓，仍然不能纳到家中。

宋朝文官武将多如牛毛，违背同姓不婚习俗者极其稀少，目前仅发现张俊一例而已。不过在普通老百姓那里，同姓成婚的可就多了。宋哲宗在位时，礼部官员魏承训上奏说：同姓而婚，例有明禁，而闽中愚民不晓礼法，同姓合娶者所在多有。官府虽然对同姓婚配明令禁止，但福建一带违背禁令者比比皆是。

要知道，宋代福建有两大姓，福州人多姓林，建州人多姓叶，如果叶姓与林姓通婚，当然不违背禁令，可是在方圆百里内均为林姓或均为叶姓的情况下，官府总不能强求当地百姓跋涉百里，去完全陌生的地方向完全陌生的异姓求婚啊！

朋友成亲家

王安石写过一首特别小众的诗：

同官同齿复同科，朋友婚姻分最多。

两地尘沙今龃龉，二年风月共婆娑。

朝伦孰与君材似，使指将如我病何。

升黜会应从此异，愿偷闲暇数经过。

这首诗的题目是《酬冲卿见别》，意思是马上要跟冲卿分别了，临行前写首诗送给他。

冲卿是谁呢？他是王安石的好朋友，名叫吴充，字冲卿，福建人，宋仁宗景祐五年（1038 年）中进士，官至同中书门下平章事，相当于宰相。

我们知道，王安石生于 1021 年，这个吴充也是生于 1021 年；王安石 1038 年中进士，吴充也是 1038 年中进士；王安石做过同中书门下平章事，吴充在王安石退休后也做了同中书门下平章事。两人同年出生，同年金榜题名，后来又做同样的官，即使在官僚机构庞大、官员数量众多的宋朝，也算得上是小概率事件。鉴于他们如此有缘，所以理所当然成了好朋友。不但成了好朋友，王安石还把女儿嫁给了吴充的儿子。所以这首诗开头就说："同官同齿复同科，朋友婚姻分最多。"咱俩同官同齿又同科，从好朋友变成亲家的事例很多很多。

朋友变亲家，确实不鲜见。

黄庭坚跟江安县令石谅是好朋友，他的儿子黄相娶了石谅的女儿；苏辙跟濮州太守王正路是好朋友，他把二女儿嫁给了王正路的儿子王适；苏辙的叔父苏焕与同年进士蒲师道交好，他的儿子苏不欺娶了蒲师道的女儿；苏东坡跟欧阳修结为忘年交，他的儿子苏迨娶了欧阳修的孙女；在范仲淹之前驻守陕西边境的大臣范雍与朝中大佬韩亿是死党，他把女儿嫁给了韩亿第四个儿子韩绎……

当然，好朋友之间结亲，未必总是你的儿子娶了我的女儿，我的女儿嫁给你的儿子，有时候是结成"拐弯亲家"，让自己的儿子与对方的侄女结婚，让自己的侄子与对方的女儿结婚，或者双方没能结亲，但是却互相做了对方子女的媒人。例如苏东坡与画竹子的文与可是至交，后来把侄女嫁给文与可的儿子文务光；苏辙与曾巩是至交，后来把女儿嫁给曾巩的侄子曾纵；黄庭坚与李龙眠是至交，后来他的女儿黄睦嫁给李龙眠的侄子李文伯；真宗朝宰相王旦与真宗的老师李沆是至交，后来王旦的儿子娶了李沆的侄女；陆游的老师曾畿与诗人吕本中是同年进士，后来吕本中做媒让自己的侄子娶了曾畿的女儿；苏东坡曾经想给老上级司马光的继子司马康做媒，让司马康迎娶自己堂兄苏不疑的女儿，可惜司马康没有同意，否则又是一对“拐弯亲家”。

金庸先生武侠经典《射雕英雄传》里也有好朋友成亲家的案例：杨铁心与郭啸天是好朋友吧？所以当两人得知各自的媳妇都有了身孕之后，不约而同地想到了结亲。杨铁心道：“要是咱们的孩子都是男儿，那么让他们结为兄弟，倘若都是女儿，就结为姊妹……”郭啸天抢着道：“若是一男一女，那就结为夫妻。”两人伸手相握，哈哈大笑。金庸先生说：“其时指腹为婚，事属寻常，两个孩子未出娘胎，双方父母往往已代他们定下了终身大事。”

小说情节最忌一帆风顺，假如在《射雕英雄传》后文，郭、杨两家真的结成亲家，然后让小两口在牛家村安居乐业白头偕老，故事肯定无趣之极。所以金庸先生安排下各种天灾人祸，先让郭啸天被杀，杨铁心流落江湖，再让二人妻子远赴他乡，一个把孩子生在金国，一个把孩子生在蒙古。两个孩子长大后又遭逢奇遇，一个娶了桃花岛主的女儿，另一个惨死在嘉兴铁枪庙。众所周知，这两个孩子分别就是郭靖和杨康。

杨康作恶多端，最后恶有恶报，且不说他。郭靖之所以能与桃花岛主之女结亲，除了因为他天性忠厚外，还因为他少年之时就浪迹江湖，四海为家，如果他像父亲郭啸天一样定居牛家村，怎么可能遇上黄蓉呢？我的意思是说，生活圈子决定择偶机遇，一个人在遥远的地方结了亲，若非他自己的生活圈子变大了，则必然是因为其父其母的生活圈子变大了。

仍以宋朝人物为例：王安石的祖上王明仪是一介农夫，所以只能娶本地村姑，自从王安石的父亲进士及第之后，王家的婚配对象范围就开始从临川乡下扩大到整个江南，后来王安石的女儿嫁到福建（一个女儿嫁给老朋友吴充的儿子吴安持，另一个女儿嫁给蔡京的弟弟蔡卞），王安礼的孙子娶妻山东，都是生活圈子不断扩大的结果。

榜下捉婿

俗话说得好："金花配银花，西葫芦配黄瓜。"男女之间谈婚论嫁，抛开"一见钟情"之类的主观因素不谈，最重要的还是品貌相当、门当户对。否则的话，不管刚开始感情多么深厚，不管许下多少海誓山盟，等到多巴胺、内啡肽、后叶加压素、去甲肾上腺素等"爱情荷尔蒙"逐渐消退，夫妻之间可能就会出现各种各样的矛盾，躲都躲不过去。

这个观点很俗，一点儿都不浪漫，可它符合人类社会的客观事实，尤其符合中国古代社会的客观事实。

前面说王安石的女儿嫁到福建，王安礼的孙子娶妻山东，苏东坡的儿子娶了欧阳修的孙女，范雍的女儿嫁给韩亿的儿子，除了因为双方长辈友谊深厚，还因为双方家庭门当户对。您看，王安石是宰相，他的亲家吴充也是宰相；苏东坡是文豪，他的亲家欧阳修也是文豪。宰相的女儿嫁给宰相的儿子，文豪的儿子娶了文豪的孙女，可不正是门当户对吗？

门当户对又分两种情况，一种是现在门当户对，另一种是将来门当户对。南宋周辉《清波杂志》有云："择婿但取寒士，度其后必贵，方名为知人。"选女婿应该选那种出身贫困但是才华出众的有为青年，他们现在很穷，但是将来必成大器。换句话说，现在不能门当户对，但是将来可以。就像一只拥有升值潜力的股票，别人不敢问津，你看准了，别犹豫，赶紧抄底。

问题是，你怎么知道你抄底抄到的女婿就一定拥有升值潜力，而不是一只垃圾股呢？宋朝人的办法是看榜，看科举考试的榜单。

宋朝每两三年就有一次进士考试，取中的名单会在春天公布，谓之"发榜"。发榜那天一大早，达官贵室坐着马车前去看榜，从榜单中挑选名次靠前的进士做女婿。苏东坡诗曰："囊空不办寻春马，眼乱行看择婿车。"王安石诗曰："却忆金明池上路，红裙争看绿衣郎。"一辆辆择婿的马车云集在榜单之下，一群群待嫁的仕女站立在大道两旁，等着新科进士从路上经过。这些进士还没有官衔，但是很快就会拥有官衔，不但一定升值，而且升值空间巨大，此时不抄底，更待何时？

宋真宗景德二年（1005年），一个名叫高清的青年中了进士，当即被宰相寇准“捉”到府上，将自己的侄女嫁给了他。宋仁宗天圣八年（1030年），欧阳修和王拱辰同时登第，前者考中第十四名，后者考中第一名，两人双双被副宰相薛奎“捉”到府上，分别娶了薛奎的二女儿和三女儿。

前文用了一个“捉”字，并非夸大其词。新科进士在婚姻市场上抢手得很，有些择婿的人家抢不到，确实要用上强迫手段。按《宋史·冯京传》，北宋大臣冯京刚考中进士那天，太师张尧佐想把女儿嫁给他，他不答应。张尧佐派人强行将其拖走，一直拖到新房里，又强行给他换上新郎官的衣服。不过冯京宁死不屈，张尧佐没办法，只好眼睁睁地看着这位准新郎溜走了。

朱彧《萍洲可谈》云：“本朝贵人家选婿，于科场年，择过省士人，不问阴阳吉凶及其家世，谓之榜下捉婿。……近岁，富商庸俗与厚藏者嫁女，亦于榜下捉婿，厚捉钱以饵士人，使之俯就。”达官显贵从新科进士行列中“捉”女婿，富商大贾也来跟风，这是宋朝婚姻市场上的一大奇观，时称“榜下捉婿”。

榜前赌婿

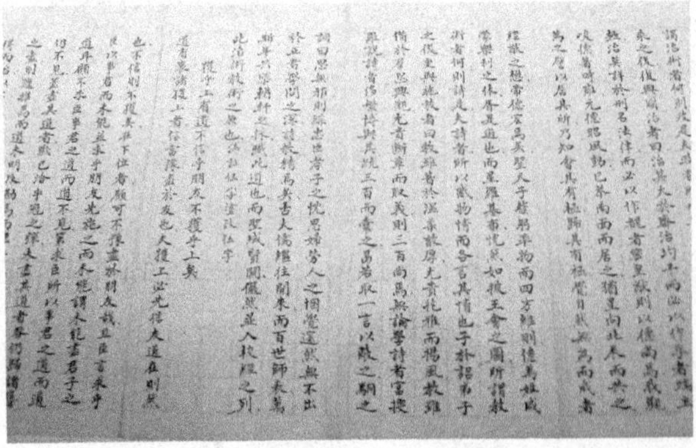

考生参加科考时由誊抄人员誊录的试卷，现藏北京科举匾额博物馆

榜下捉婿的竞争过于激烈，下手稍晚一些，新科进士就被别人抢完了。为了能抢到一个好女婿，有些准岳父会赶在考试成绩公布前入市，与某个他认为可以高中的考生缔结婚约。

宋真宗咸平四年（1001 年），山东考生王曾进京赴试，宰相李沆给他相了相面，说："此人今次不第，后亦当为公辅。"（叶梦得《石林燕语》）这孩子很靠谱，就算这回考不上，下回也会金榜题名，将来准是当宰相的材料。于是将女儿嫁给了王曾。李沆的眼力果然不错，王曾果然在礼部考试中考取第一名，并在来年春天的殿试中再次夺冠，成了一名状元。

宋真宗景德四年（1007 年），浙江考生杜衍进京赴试。他是个苦命孩子，幼年丧父，母亲改嫁，继父虐待他，两个异母兄弟欺负他，他被迫离家出走，流落到河南，靠贩卖书籍为生，一边卖书，一边苦读。早在他参加科考之前，河南一位富人就认定他器宇不凡，收他做了倒插门女婿，并资助他读书赶考。果不其然，杜衍在 1007 年顺利通过礼部考试，然后在 1008 年考中了进士。

在宋朝历史上，王曾和杜衍都是鼎鼎大名的人物，靠着个人的才华和努力在官场之上平步青云，后来都做了宰相。而他们的岳父在他们得中之前就"妻之以女"，眼光和见识也是相当了不起。

宋朝进士考试的录取率并不高，据北宋大臣上官均《上哲宗乞清入仕之源》一文描述："今科举之士虽以文章为业，而所习皆治民之说，选于十数万之中而取其三二百，使之治民，理或可也。"从地方科考到中央科考，从州试、省试再到殿试，十几万考生前赴后继，最终取中的只有二三百名而已。录取率如此之低，考生们除了要拼成绩，还要拼运气。那些在放榜之前就与考生缔结婚约的岳父和准岳父也是如此，除了拼眼光，更要赌运气，别人榜下捉婿，他们榜前赌婿，关键是一个"赌"字。

榜下捉婿竞争多，榜前赌婿风险大，都不如榜前约婿稳妥。所谓榜前约婿，是指在考试前与心仪的考生订下合约：如果考中，那就成婚；万一落第，给我走人。

南宋志怪小说集《夷坚支志·甲》中讲了一个榜前约婿的故事：

宋孝宗淳熙七年（1180年），福州人黄左之去临安考进士，安徽人王生也去临安考进士，王生年长，黄左之年少，两人结为忘年之交。王生与黄左之约定："君若登科，当以息女奉箕帚。"你要是考上了，我把女儿嫁给你。黄左之知道王生家里有钱，早就盼着做王家的女婿了，于是抖擞精神去应考。"明年果中选，遂为王婿，得奁具五百万。"第二年果然考中，成了王生的女婿，得到了五百万文的丰厚陪嫁。

宋朝姑娘出嫁难

宋代双龙纹菱花铜镜，现藏台北故宫博物院

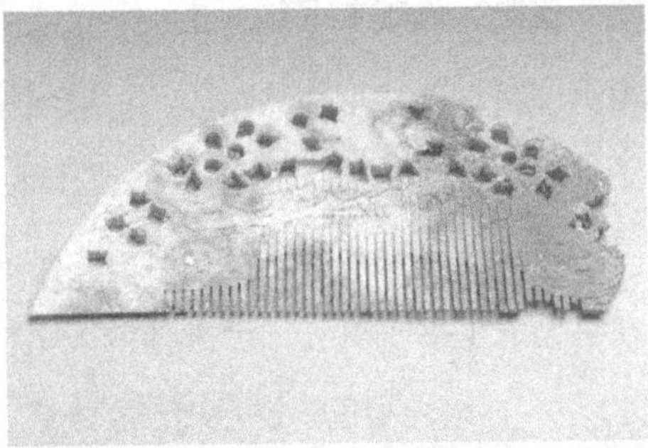

宋金元象牙梳，现藏台北故宫博物院

王生嫁女儿，陪嫁五百万，一是因为他家有钱，出得起这个钱；二是因为黄生中了进士，值这个价；三是因为宋朝流行厚嫁之风，陪送的嫁妆越多，女儿在婆家越有地位。

在我的老家豫东农村，男多女少，资源紧缺，嫁女儿倒很容易，娶媳妇却很困难。俗话说得好：没有嫁不出去的姑娘。不管女儿长得是沉鱼落雁还是鬼头蛤蟆眼，哪怕有些残疾有些智障，只要到了出嫁年龄，都会有成群结队的媒人上门提亲。男孩可就苦了，但凡文化程度低、手艺没学好、出门打工挣不了大钱、父母不是生意人或者村干部的小伙子，都免不了要为自己的婚事发愁。即使那些有文化有手艺的农村小伙，娶个媳妇也不是那么容易，因为娶媳妇得拿彩礼，而这几年的彩礼是越来越重。比如在我们村里，定亲时要不掏出十万以上的红包来，女方以及女方的父母是肯定不会答应的。女方倒不用花多少钱，过门时带过去一张大床、一台电视、一辆电动车以及红漆马桶和梳妆台，所有嫁妆捆一块儿，两万块钱封顶。

宋朝的情形完全相反，容我举几个例子。

第一个例子：范仲淹的族规。范仲淹是北宋名臣，做过大官，积攒了不少钱，他发家以后，一个人把大爷叔叔堂伯堂叔哥哥堂兄堂弟总之整个家族全养了起来，家族里不管谁家办红白喜事，都是范仲淹出钱资助。为了做到不偏不倚，范仲淹定了个规矩：凡是族里男孩娶亲，按照二十贯的标准送彩礼；凡是族里女孩出嫁，按照三十贯的标准办嫁妆。很明显，给女孩办嫁妆要比给男孩送彩礼多一些。

第二个例子：苏辙嫁女。宋徽宗初年，苏辙的女儿要出嫁，为了给女儿筹办嫁妆，苏辙特地卖掉了他在开封近郊购置的一块田地，卖了九千四百贯，全让女儿带进了婆家。此时已是北宋后期，通货膨胀，货币贬值，但是一贯的购买力仍然相当于现在三百块钱。九千四百贯相当于现在多少钱？两三百万！苏辙在日记里说，他这是“破家嫁女”。换言之，为了给女儿办嫁妆，他几乎倾家荡产。

第三个例子：袁采的忠告。袁采是南宋人，做过县官，处理过很多涉及婚姻的民事纠纷。袁采说，一个平民家庭，如果不是特别有钱的话，必须在女儿还很小的时候就为其嫁妆做好打算。换句话说，你得早点儿攒钱，不能到女儿该出嫁了，才发现存款不足，置不到像样的嫁妆，而不得不卖地卖房。但是袁采没说要在儿子还很小的时候就为其彩礼做准备，这说明跟女孩出嫁比起来，男孩娶亲并不会给父母带来很大的经济负担。

平心而论，范仲淹是有钱人，他给族里制定的嫁妆标准应该比普通百姓的标准高。苏辙也是有钱人，平民百姓肯定不会像他那样拿出二三百万来嫁女儿。但即便如此，还是有很多平民家庭置不起嫁妆，不得不让女儿一直在家待嫁。例如，南宋初年，四川华成县令侯可调查发现，他的治下竟然有几百个未婚老姑娘。这帮老姑娘之所以嫁不出去，不是因为长得丑，而是因为“娶妇必责财于女氏，贫人至有老不得嫁者”（程颢《华阴侯先生墓志铭》），男方父母一定要让女方拿出丰厚的彩礼，穷人拿不出，所以他们的女儿嫁不出去。

秦桧夫妇的婚前公证

宋朝为什么刮起一股厚嫁风呢？我讲一个故事您就明白了。

遥想当年，金兵攻宋，秦桧和他老婆一起被金兵绑走，在金国住了一段时间，又跟随金军将领完颜昌返回大宋。回去的路上，秦桧跟老婆吵了一架，老婆很生气，指着他的鼻子说：“我家翁父使我嫁汝，时有赀货二十万贯，欲使我与汝同甘苦，尽此平生。今大金国以汝为任用，而乃弃我于涂中耶？”（《三朝北盟会编》卷一百四十二）我嫁到你们秦家，那可是明媒正娶，光嫁妆就值二十万贯，有什么对不起你的？现在金国人派你做一个小小参谋，你竟然把我丢在半道上，快摸摸你的良心，是不是让狗吃了？秦桧听了这顿骂，登时哑口无言，乖乖地带着老婆继续往前走。

秦桧的老婆姓王，名字暂不可考，姑且叫她王女士吧。王女士有来头，她的爷爷王珪当过宰相，她的姑表姐就是大名鼎鼎的女词人李清照。可是她跟秦桧吵架时，这些来头一概不提，只说自己的嫁妆。

她的嫁妆值多少钱呢？铜钱二十万贯。查秦桧年谱，他在宋徽宗政和五年（1115 年）迎娶王氏，按照该年度铜钱在开封地区的综合购买力，铜钱一贯等于人民币一百三十元（由于蔡京铸造大钱，致使通货膨胀加剧，铜钱严重贬值，徽宗初年一贯铜钱相当于人民币几百元，至秦桧娶妻时一贯铜钱仅相当于人民币一百多元），二十万贯就是两千六百万元。陪嫁如此惊人，王女士当然有资格指着秦桧的鼻子大骂了。

妇女带到婆家的嫁妆越多，在公婆和丈夫面前就越有发言权，“经济基础决定上层建筑”，在宋朝妇女的婚姻生活中得到了完美体现。按照大宋律条及社会习俗，妇女是有财产权的，但仅限于她的嫁妆。也就是说，对于婚姻存续期间的财产，妻子不能与丈夫平分，她只能支配自己的嫁妆。她过门时陪嫁的衣服、首饰、家具、房契、田契乃至丫鬟和老妈子，任何人，包括其公婆、丈夫以及丈夫的族人，不得以任何理由动用。

根据《名公书判清明集》中收录的离婚案例，女方在追讨自己的陪嫁时，一般都能得到官方的支持，除非她在离婚前犯有大过，例如通奸和不孝。如果她与丈夫合法离婚，是可以将这些陪嫁全部带走的，而这对于婆家来说自然是一笔不小的损失。为了财产，有脑子的公婆决不会轻易虐待儿媳，可是如果陪嫁太少，或者像《窦娥冤》里的窦娥那样仅仅是一个童养媳，根本没有嫁妆，那她在婆家的地位就要一落千丈了。

为了女儿婚姻生活的安全和幸福，父母给女儿办嫁妆时一定不惜血本，并在婚书“定帖”后面列一张密密麻麻的财产清单，注明陪嫁了多少首饰、多少衣服、多少房子、多少土地。过门之后，新娘子为了自己的嫁妆不被婆家染指和瓜分，可能还会要求婆家人去祖庙里发个声明，向历代祖先讲清楚新妇带来了哪些东西，而且这些东西是非经新妇同意不能动用的。总而言之，为了保护已婚妇女仅有的那点财产权以及财产权所带来的家庭地位，不光得有婚前公证，还得有婚后宣誓。

我估计，李清照的姑表妹王女士在跟秦桧结婚之前，应该也曾经为她的嫁妆做过公证，而在婚后漫长的夫妻斗嘴生涯里，她大概不止一次拿出过这个公证，展示她那二十万贯嫁妆，以此来证明她的合法身份，证明她理应得到丈夫的尊重。这个场景看上去很俗，仔细想很心酸。

新娘下花轿

话说宋朝姑娘真是受委屈，陪了那么多嫁妆，到了出嫁那天，居然还要给迎亲队伍发红包。

话本《快嘴李翠莲记》刻画了迎亲队伍讨红包的场景：

翠莲祝罢，只听得门前鼓乐喧天，笙歌聒耳，娶亲车马来到门首。张宅先生念诗曰："高卷珠帘挂玉钩，香车宝马到门头。花红利市多多赏，富贵荣华过百秋。"

李员外便叫妈妈将钞来，赏赐先生和媒妈妈，并车马一干人。只见妈妈拿出钞来，翠莲接过手，便道："等我分！"

"爹不惯，娘不惯，哥哥、嫂嫂也不惯。众人都来面前站，合多合少等我散。抬轿的合五贯，先生、媒人两贯半。收好些，休嚷乱，掉下了时休埋怨！这里多得一贯文，与你这媒人婆买个烧饼，到家哄你呆老汉。"

迎亲队伍来到家门口，男方的傧相先念诗："高卷珠帘挂玉钩，香车宝马到门头。花红利市多多赏，富贵荣华过百秋。"花红利市就是红包，傧相、媒婆、抬轿的，人人有份。谁来发给他们呢？新娘一方。新娘李翠莲是北宋首都开封府人氏，性情泼辣，嘴皮子利索，一把从父母手里接过钱，亲自派发：轿夫发五贯，傧相两贯半，媒婆本来跟傧相同等待遇，李翠莲多给她一贯。

好在新郎一方也不能躲清闲。花轿抬到新郎家时，司仪、乐队和端茶倒酒的执事会在大门口拦住轿子，不让新娘进来，必须等到男方给他们发了红包才放行。《梦粱录》载："迎至男家门首，时辰将正，乐官、妓女及茶酒等人互念诗词，拦门求利市。"新郎见状，赶忙请人代念《答拦门诗》："从来君子不怀金，此意追寻意转深。欲望诸亲聊阔略，毋烦介绍久劳心。"（《事林广记》前集卷十《婚礼总叙》）一边念诗，一边散发红包，一边将谷子、豆子、糖果、铜钱撒到门外，让围观的小朋友争抢。

新娘过门，新郎撒豆谷，见于宋人高承编写的《事物纪原》。据说成婚当天，门口会有三煞拦阻新娘。哪三煞？乌鸡、青羊、青牛，三种动物变成的神煞。鸡吃五谷，牛羊吃草，汉唐人娶亲，撒的是谷物和草料。谷物尚可，草料就太寒酸了，所以宋人改撒豆谷、糖果和铜钱，就像现在婚礼上撒喜糖一样。

新娘花轿抬进门，傧相念诗，执事放鞭炮，吹鼓手嘀嘀嗒嗒奏起曲子，媒婆搀扶新娘下轿。按照北宋时中原地区的风俗，新娘双脚不能沾地，要踩着青色的地毯（不是红地毯哦）走进新房，坐在床上，等待婚礼仪式的到来。姑嫂、小孩和邻居老太太拥进新房围观，指手画脚品评新娘的坐姿。但是他们看不到新娘的长相，因为新娘的头脸一直被红盖头蒙着，只有在拜过天地以后才会被新郎揭开。

拜天地没什么可说的，无非是新郎新娘披红挂彩，手里挽着同心结，在男女傧相的引导下一拜家庙，二拜高堂，夫妻交拜，送入洞房。拜家庙的时候，为了表示对列祖列宗的尊重，女傧相会用一根秤杆轻轻挑起新娘的盖头，让死去已久的祖宗得以瞧见新媳妇的面容。

拜完天地，新娘在新房里等着，新郎还要出来答谢宾客，参加婚宴，向长辈、亲友和女方宾客敬酒。欧阳修《归田录》提到一个非常好玩的风俗："当婚之夕，以两椅相背，置一马鞍，反令婿坐其上，饮以三爵，女家遣人三请而后下，乃成婚礼，谓之'上高座'。"婚宴上的新郎座位很特别，是两把背靠背的椅子，上面搭一张马鞍，让新郎跨坐在马鞍上喝三杯酒，完了还要经过女方宾客的三次邀请，新郎才可以下来。

马鞍平搭在椅背上，寓意"平安"；新郎高高地跨在椅背上，寓意"高升"。事实上，寓意并不重要，重要的是好玩、热闹，大伙捉弄捉弄新郎，婚宴气氛会变得很活跃很喜庆。这跟现代婚礼上司仪提一根细线，线尾拴一个苹果，让新郎新娘一起去咬，所起的作用完全相同。

婚宴继续进行，新郎提前告退，去新房里与新娘共寝。按照惯例，共寝之前还要饮交杯酒：新郎一只酒杯，新娘一只酒杯，两只酒杯用彩线连着，夫妻对饮一杯，然后交换酒杯，再对饮两杯。《东京梦华录》载：

饮讫（交杯酒），掷盏并花冠子于床下，盏一仰一合，俗云'大吉'。

喝完交杯酒，将凤冠和酒杯扔到床下，如果两只酒杯一只口朝上，一只口朝下，说明大吉大利，一生恩爱，白头偕老。

第五章

交际

宋朝的名片

大家知道，我叫李开周，因为这个名字，刚出道的时候老被人误会，以为我是李开复的弟弟。我们都姓李，名字里的第二个字都是开，一个叫开周，一个叫开复，周而复始，瞧着确实挺像兄弟的。

宋朝有一个李清臣，他在名字上被人误会过——后世一些人总以为他是李清照的弟弟。其实他比李清照大得多，跟李清照没有任何亲戚关系。

李清照是山东人，李清臣是河北人。李清照生于 1084 年，李清臣生于 1032 年。李清照的父亲李格非是苏东坡的门生，说起来她要算苏东坡的孙女辈，而李清臣则跟苏东坡年龄相近，辈分相同，也曾像苏东坡一样拜在欧阳修的门下。现在没有任何史料能证明李清照见过李清臣，如果见过的话，她应该喊人家一声爷爷。

李清照当然不简单，不过李清臣也是一个非常了不起的人物。他七岁读书，八岁开始写文章，在河北老家是远近闻名的神童。到了十七八岁，他学有所成，离开书斋，单枪匹马游历河北，到处拜访奇人异士，像盛唐诗人那样，一边壮游，一边增广见闻，一边向文坛大腕和当朝大佬推销自己。

宋人笔记《青琐高议》记载了李清臣游历期间发生的一段逸闻。

说是宋仁宗在位时，大臣韩琦以安抚使身份镇守河北定州，独揽军政与民政。李清臣对韩琦慕名已久，很想拜见，但他觉得自己一介平民，不可能被接见，所以先去拜访韩琦的公子。

到了韩公子居住的地方，李清臣递上名片，守门人说：“我家公子正睡觉呢，不见客。”李清臣就向守门人借了一支笔，在名片上写了一首诗，托守门人转交给韩公子，然后转身走了。

他的诗是这么写的：

公子乘闲卧绛厨，白衣老吏慢寒儒。

不知梦见周公否，曾说当时吐哺无？

这首诗用了一个典故：周公吐哺。传说西周贤臣周公礼贤下士，爱重人才，吃饭的时候听说人才来访，赶紧把嘴里的饭吐出来，急急忙忙跑出去迎接。李清臣引用这个典故，是奉劝韩公子向周公学习，不要老是白天睡大觉，让守门的小吏慢待宾客。

其实守门的小吏并没有慢待宾客，虽说李清臣没有塞红包，但人家还是老老实实把名片转交给了韩公子。韩公子读完名片上的诗，认为李清臣很有才，又把这张名片转交给了父亲韩琦。韩琦一看名片就说：“吾知此人久矣！”原来是李清臣啊，咱们河北的神童嘛！我早就听说他的名字了，有机会我要见见他。

果不其然，韩琦后来接见了李清臣，还把侄女嫁给了他。

李清臣的故事并不重要，重要的是故事里出现了一张名片，宋朝人的名片。

名片在宋朝有两种材质。一种是用木头刻的，宽四五寸，长七八寸，厚约一分，用刨子刮得溜光水滑，正中间竖刻名字、籍贯和官衔（如果有的话），填以黑漆或者红漆；一种是纸质名片，用那种很厚很硬的纸张，裁成长方形，或红底黑字，或白底黑字，从右至左竖行填写姓名、籍贯和官衔，上面留出一大片空白，用来书写对拜见对象的敬称和敬辞。李清臣在名片上写诗，应该就是写在了名片上方的空白处。

宋朝人还没有“名片”这种叫法，他们管名片叫“名刺”，简称为“刺”。宋代的名刺当然比现在的名片大得多，其用途也比现在的名片广泛得多。现在我们给人家递名片，主要是用来自我介绍，如果跟人家很熟，那就用不着递名片了。可是在宋朝读书人之间，在宋朝士大夫阶层，在所有吃财政饭的文官武将群体当中，特别是在下级参见上级的时候，无论熟与不熟，都要递上名片，否则会显得不恭敬。也就是说，宋朝人的名片除了有自我介绍的作用，还有表达敬意的作用。这种风俗不仅在宋朝盛行，在此前的唐朝以及此后的元明清等朝也是如此。明清之时士大夫拜年，人到不到无所谓，名片必须递到对方府上，交际广泛者一天要递几百张名片，自己忙不过来，还要雇人代劳，挨家挨户一一分送，时称“沿门投刺”。

古人用的名片普遍大一些，因为毛笔字的笔画太粗，有时要写的敬辞和官衔又太多，名片小了写不下。一般来说，官衔越多的人用的名片就越大。唐朝有一位武将程知节，也就是《隋唐演义》中那位混世魔王程咬金，按照清代笔记《啸亭续录》的记载，他用的名片“笺长七尺”。唐代官尺长三十厘米，七尺就是两米多，如此大的名片，拜客时得让两个亲兵抬着，想起来也是蛮拉风的。

大宋同学会

北宋中叶，四川眉山有位道士，早年在衙门做小吏，后来出了家，出家以后也不住道观，跑到汉州（今四川广汉）投奔市长吴师道，存神炼气、修合丹药。某年春节，这位道士向吴市长辞行，临走要了一笔钱，自己不花，全部散给了穷人，然后在汉州府衙大门口一坐，当场坐化了。

（宋）刘松年《溪亭客话图》，现藏台北故宫博物院

那天是大年初一，衙门口有具尸体总不像话，吴市长吩咐手下把尸体弄走。手下人一边背尸体，一边嘟嘟囔囔地说：“这个道士真讨厌，死哪儿不行，非要死在俺们衙门口，大过年的让我背死人，晦气！”正抱怨呢，道士突然睁开眼睛，对他笑道：“你别骂了，我自己走。”说完健步如飞走到化人场，再一次坐化了。

（北宋）武宗元《朝元仙仗图》（局部），绢本墨笔，图中所绘乃道教诸神朝谒元始天尊时的情景，现藏美国，系旅美收藏家王己千先生藏品

上述故事听起来很荒诞，但不是我瞎编的，它出自苏东坡的文章。故事里的神奇道士不是旁人，正是苏东坡的发小兼同学，名叫陈太初。

苏东坡七岁开蒙，八岁上小学，学校地址在眉山天庆观北极院，校长是一位道士，学生在百人左右，陈太初就是其中之一。在这所学校里，苏东坡总共读了三年，但他能记住的同学只有陈太初一个。之所以能记住陈太初，不是因为两人毕业后有交往，只因苏东坡中晚年崇信道教，当家乡传来陈太初坐化的小道消息之时，他忍不住顶礼膜拜，膜拜完才想起来：咦，这是我的小学同学啊！

苏东坡于宋仁宗嘉祐二年（1057年）中进士，那一年同时考中的进士共有三百八十八人，后来这三百八十八名进士当中至少有一半成了东坡的常客。也就是说，苏东坡虽然没有联系过小学同学，但是跟他的同年进士却一直保持着交往。轻同窗而重同年，这是宋朝士大夫阶层的普遍倾向。

南宋田园诗人范成大说："进士科始于隋，盛于唐，本朝因之，偕升者谓之同年。衣冠之好，由来尚矣……通榜之士，意气相予甚厚。"（范成大《姑苏同年会诗序》）进士一科在隋朝开设，在唐朝兴盛，在本朝得以延续，一起考中进士者，互相称为"同年"。同年之间的友好交往由来已久，只要你我同榜，终生意气相投。

宋朝的同年并不等于现在的同学，但是关系却比同学之间更密切，也更持久。现在的大学生要在一起生活三到四年，而宋朝的同年进士只不过是在省试和殿试期间同时考试那么几天而已，一旦取中，或留任京师，或出任地方，从此天各一方，到死也未必能见上一面，其深厚友谊是怎么形成的呢？

最直接的原因是一场"期集"，也就是我们现在常说的聚会。

按宋朝惯例，进士及第后第一件事不是回乡光宗耀祖，而是召集一场全体性的同学会。现在同学聚会时间很短，相聚最多一天，聚餐最多几顿，完了各回各家。宋朝新科进士聚会则不然，那叫一个旷日持久：从殿试结束开始，到皇帝亲赐闻喜宴结束，这期间每天一小聚，五天一大聚，每次聚会都要聚餐，往往聚上二三十天才算完。

干吗要聚这么长时间呢？因为他们要把同学录给印出来。宋朝每隔两三年搞一次殿试，平均每次录取三百多名进士，这三百多个人的姓名、名次、籍贯、相貌特征、祖上三代都要编进同学录，所以要花上几天时间来仔细统计。统计完了还要誊写，誊写完了还要付梓，那时候又没有激光照排，全靠工匠雕版。光刻版就得十天吧？刻完版还要印吧？印完还要装订吧？装订完还要分送给所有进士吧？于是花的时间就长。

新科进士如此旷日持久地聚会，所需费用是相当惊人的。宋朝皇帝厚待士人，从神宗时开始拨付专款："诏赐进士及第钱三千缗，诸科七百缗，为期集费。"（《燕翼诒谋录》卷五）赐给进士们三千贯，赐给诸科（宋朝科举除了进士科，还有明经、明法等科）七百贯，专供大家聚会。由于人数太多，会期太长，朝廷拨付的专款不够用，同学们还要凑份子，按成绩排名出钱，譬如状元出三万，榜眼出两万，探花出一万，其余出几千到几百不等。

同学聚会，没有强制，想省钱，可以不参加，但是宋朝进士们都争着参加，哪怕借钱凑份子也要去。为啥呢？“与诸同年款密，它日仕途相遇，便为倾盖。”（《钱塘遗事》卷一〇《置状元局》）同年进士本来没有感情，经过长期聚会，成天在一块儿喝大酒，那份兄弟情谊就产生了，他年官场升迁，可以互相照顾。

在宋朝自由结社

《醒世恒言》里面有一篇《郑节使立功神臂弓》，开头写道：

（宋）钱选《卢仝烹茶图》，现藏台北故宫博物院

（张员外）还去金银铺中坐地……只听得街上锣响，一个小节级同个茶酒，把着团书来请张员外团社。原来大张员外在日，起这个社会，朋友十人，近来死了一两人，不成社会。如今这几位小员外，学前辈做作，约十个朋友起社，却是二月半便来团社。

《醒世恒言》是明朝人冯梦龙改编的小说集，主要取材于唐传奇和宋话本，而这篇《郑节使立功神臂弓》的故事，其实是宋朝说书人的话本，名曰《红白蜘蛛》，被冯梦龙稍作改编，写进了《醒世恒言》。

在整个帝制时代，应该说宋朝是自由程度最高的，宋朝政府压在平民身上的赋税和徭役负担虽然沉重，但是却在人身权利上给平民松了绑，不但允许他们自由流动，而且允许他们自由结社和自由集会。所以，宋朝的民间社团非常发达。

表现宋朝说书人的现代泥塑，拍摄于河北唐山麻龙湾《清明上河图》泥塑园

据宋人笔记《武林旧事》和《齐东野语》记载，南宋杭州活跃着五花八门的民间社团，包括：

以科举考生为主要成员的“同文社”、以习武之士为主要成员的“射弓踏弩社”、以相扑运动员为主要成员的“角抵社”、以蹴鞠运动员为主要成员的“齐云社”、以杂剧演员为主要成员的“绯绿社”、以说书人为主要成员的“雄辩社”、以皮影戏演员为主要成员的“绘革社”、以傀儡戏演员为主要成员的“傀儡社”、以理发师为主要成员的“净发社”、以建筑师为主要成员的“台阁社”、以园艺师为主要成员的“奇花社”、以刺青爱好者为主要成员的“锦体社”、以弓箭爱好者为主要成员的“锦标社”……

此外还有净土宗信徒发起的“莲社”和“净业会”，道教信徒发起的“灵宝会”和“真武会”。甚至还有阔太太和富家小姐发起的名为供佛实为比阔的“斗宝会”，

北宋蓝色磨花高颈玻璃舍利瓶，1966年浙江温州慧光塔出土，现藏浙江省博物馆

以及由妓女发起的类似行业协会性质的“翠锦社”。

毫不夸张地说，假如我们生在宋朝，无论地位是高是低，无论财富是多是少，无论从事什么工作，无论有何种兴趣爱好，差不多都能找到属于自己的社团。

《郑节使立功神臂弓》里的张员外参加的是什么社团呢？根据故事后面的情节，张员外和社团其他成员总是在每年农历二月十五那天聚会一次，只是喝喝酒、说说话、出门集体春游而已。由此推想，他们这个社团是纯为娱乐而设的，没有职业上的交流，更没有政治上的诉求。

张员外他们很幸运，有幸生在宋朝，没有生在清朝。清朝统治者对于民间结社和集会，通常严厉禁止。

《大清律例》写得很清楚：

凡异姓人，但有歃血定盟，焚表结拜弟兄者，照谋叛未行律，为首者拟绞监候，为从减一等。……其无歃血盟誓焚表情事，止序齿结拜弟兄……不及二十人，为首者杖一百，枷号两个月，为从各减一等。

不许民间结拜兄弟，凡是查出有歃血盟誓的，哪怕没有政治诉求，也要按谋反未遂论处，领头结社的判死缓，其余成员减一等。假如仅仅结为异姓兄弟，没有歃血盟誓，结拜人数不到二十人，尚可从轻论处。所谓“从轻论处”，即领头结拜者打一百大板，枷号两个月，其余成员打九十大板，枷号一个月。

张员外他们结成十兄弟，如果按大清律处罚的话，每个人的屁股上都少不了挨一顿板子。

宋朝也有明教

图中为明教崇拜的光明佛，现存于福建省晋江市罗山乡苏内村草庵寺的明教遗址

前面说，历代统治者都忌讳民间组织有政治诉求，宋朝统治者当然也不例外。

不知道大家有没有看过金庸的《倚天屠龙记》，这是一部以元朝末年为时代背景的武侠小说，男主角叫张无忌，身为明教教主，统领百万教徒，与朱元璋、常遇春、徐达等人起兵抗元，将蒙古人赶回漠北，建立了明朝。

元朝末年，明教确实兴盛，但是有些朋友未必知道，明教在宋朝就已经很兴盛了。

陆游《老学庵笔记》云：

闽中有习左道者，谓之明教。亦有《明教经》，甚多刻板摹印，妄取道藏中校定官名衔赘其后。烧必乳香，食必红蕈，故二物皆翔贵。至有士人宗子辈，众中自言："今日赴明教斋。"予常诘之："此魔也，奈何与之游？"则对曰："不然，男女无别者为魔，男女不亲授者为明教。明教，妇女所作食则不食。"然尝得所谓《明教经》观之，诞谩无可取，真俚俗习妖妄之所为耳。又或指名族士大夫家曰："此亦明教也。"

陆游生活在南宋前期，在福建亲眼见到了明教徒，还读到了明教印刷的经书。

陆游说，明教徒的生活习惯比较独特，男女授受不亲，男人不吃女人做的饭，烧香一定要烧昂贵的乳香，吃饭一定要吃红色的菌子。由于信奉明教的人很多，所以乳香和菌子的需求量很大，所以它们的价格一路飙升。

陆游还说，明教在福建影响很大，信徒很广，不仅仅是升斗小民在信奉，某些读书人（士人）和皇族子孙（宗子）都加入了明教。

陆游又写道：

此色人处处皆有，淮南谓之“二襘子”，两浙谓之“牟尼教”，江东谓之“四果”，江西谓之“金刚禅”，福建谓之“明教”“揭谛斋”之类，名号不一，明教尤甚。至有秀才、吏人、军兵亦相传习。其神号曰“明使”，又有“肉佛”“骨佛”“血佛”等号。白衣乌帽，所在成社，伪经妖像，至于刻板流布。

明教的传播范围并不局限于福建一地，在安徽（淮南），在浙江（两浙），在江苏（江东），在江西，都有明教或者类似于明教的教派。各地教派以明教为首，徒众穿着白色的衣服，戴着黑色的帽子，公开印刷他们所信从的教义，公开供奉他们所尊崇的神像。各地的明教徒私相结社，暗流涌动，连秀才、官吏和军人都裹挟其中。

与陆游同一时代，有一个官员名叫张守，在写给宋高宗的奏章《措置魔贼札子》中，他描述了明教的几个特征：

第一，教徒只吃素，不动荤腥；

第二，所拜神像面目狰狞，如同魔鬼；

第三，参与者以山野贫民为主，但人数众多，“连乡接村，动至千百”；

第四，各地教徒均在夜间聚会，祭拜、烧香、吃斋，天明即散。

因为明教吃素拜魔，所以南宋官府通常称其为“吃菜事魔教”，简称“魔教”。《倚天屠龙记》中，江湖六大派与明教谈和之前，也是称明教为魔教，其实这个称呼在南宋就有了。

南宋时期，佛教和道教早已发展得相当成熟，是朝廷认可的两大传统宗教。明教则很晚才从漠北传入（明教发源于波斯，先传入新疆，再传入漠北，大约在唐代宗时传入内地），作为一个后生晚辈，它有什么实力能横插一杠，在佛、道两教的夹缝中异军突起，并且收获大批信徒呢？

公元 1134 年，南宋官员王居正分析了明教之所以吸引信徒的两大优势：

凡事魔者不肉食，而一家有事，同党之人皆出力以相赈恤。盖不肉食则费省，故易足。同党则相亲，相亲故相恤，而事易济。

第一，明教吃素，不吃肉，可以节省生活成本；

第二，明教徒比较团结，一入明教，即为兄弟，一人有难，众人支援，经济上遇到困难，教中兄弟可以相帮，万一受人欺负，也可以请教中兄弟撑腰。

你看，又能省钱，又能结成势力对抗地痞恶霸甚至贪官污吏，平民百姓为什么不加入明教呢？

明教还有一项优势，南宋初年福建地方官廖刚是这样说的：

其徒至于千百成群，阴结死党，犯罪则人出千钱或五百行赇，死则人执柴一枝烧焚，不用棺椁衣衾，无复丧葬祭祀之事。

我们知道，中国传统盛行厚葬，家中死一长辈，子孙们要买坟地，要买棺椁，要看风水，要请吹鼓手，要请僧道超度，要摆宴席招待宾客……种种花销，开支巨大，平民百姓无力应付，卖房卖地，卖身为奴，倾家荡产者有之，家破人亡者有之，谁都摆脱不了这项负担。现在好了，明教来了，只要加入明教，就不用再为这项负担发愁，只要请教中兄弟到家，每人拿一火把，往死者身上一扔，烧掉了事，如此简便行事的教派，凭什么不加入？当然要加入！

说到这里我要补充一下，明教源于波斯，原初教义是反对火葬的，可它传到中国以后，吸纳了佛教的许多特征，彻底本土化，不但食素、烧香，而且大搞火葬。

那么官府对明教是什么态度呢？

一个字：禁。

宋朝统治者不反对老百姓自由结社，但是对于明教这样神秘而庞大的民间组织，他们相当忌讳。

首先，明教的教义背离了儒家的礼制。儒家讲孝道，孝道的表现之一就是厚葬，明教徒不但不厚葬，还焚烧尸体，在被儒家驯化了的统治者看来，这是灭绝人伦的大不孝。

其次，明教发展得太快，江浙乡间处处有明教，福建一带更是整村整村地加入明教。那么多人聚在一起，还都是在夜间聚会，在宗教信仰的感召之下，在团体精神的激励之下，万一有人图谋不轨，煽动教众杀官造反，再想扑灭可就难了。

事实上，宋朝还真有明教徒起事。

宋徽宗宣和三年（1121年），明教徒吕师囊在浙江台州起事，攻占乐清，围困温州。

宋高宗建炎二年（1128年），杭州士兵陈通加入明教，与绍兴教友董闰、台州教友俞道联手起事，发动兵变。

宋高宗绍兴十四年（1144年），明教徒王九十二在江西上饶起事，从鄱阳县打到金溪县。

当然，在宋朝影响最大、让官府最头疼的明教徒，肯定是方腊。北宋末年，方腊不满宋徽宗"花石纲"的侵扰，利用明教鼓动浙江百姓起来起义，十天内聚集到几万人，三个月内攻占几十个州县，第二年开春就打到了杭州。《水浒传》后半部分，宋江等人被招安，跟方腊打了几场硬仗，"霹雳火"秦明折在方腊手上，神功盖世的武松也在攻打方腊时丢了一条胳膊，这些虽然都是小说家虚构的故事，但也在艺术上反映出明教的战斗力之强。

从北宋末年到南宋初年，宋朝统治者一直要面对战斗力更为强大的金兵，到了宋高宗绍兴十一年（1141年），宋金达成和议，战火暂时平息，终于可以腾出手来整治明教了。

宋高宗采取的方法是“抓大放小”：命令江浙与福建地方官搜捕明教首领，押送杭州，斩首示众，对其他教众则网开一面，只要没有明刀明枪参与造反，就教育一番，释放回家。如果屡教不改，再敢加入明教和近似明教的秘密组织，则逐出家乡，流放外地，以免这些人再次聚集。

南宋大儒朱熹当地方官时，发布过一张禁止参加明教的榜文：

禁约保伍，互相纠察事件。常切停水防火，常切觉察盗贼，常切禁止斗争，不得贩卖私盐，不得宰杀耕牛，不得赌博财物，不得传习魔教。保内之人，互相觉察，知而不纠，并行坐罪。

朱熹把老百姓编成保甲，让他们互相监督，如有人加入明教，同一保甲的其他居民必须主动到官府检举揭发，否则一经查出，同保居民一起治罪。

这类禁令能将明教扑灭吗？当然不能，因为在人民税赋沉重、官民矛盾激化、底层百姓无法通过正常渠道过上好日子的社会环境里，明教可以提供精神上的支持和物质上的互助。即使封建社会的统治者费尽九牛二虎之力扑灭了明教，还会有白莲教、天理教、天地会、太平天国等教派冒出来。

宋高宗时期铸造的“绍兴元宝”，现藏台北故宫博物院

第六章

丧葬

活死人墓

王重阳“活死人墓”，今在陕西省西安市鄠邑区祖庵镇

金庸先生笔下有一位绝世高手——全真派的开山祖师王重阳。

王重阳武功极高，第一次“华山论剑”，他技压群雄，打败了“东邪”黄药师、“西毒”欧阳锋、“南帝”段智兴和“北丐”洪七公。他的性格也极为古怪，还很年轻的时候，竟然为自己修了一座墓！

生前修墓并不稀奇，秦始皇活着时不也修了一座秦始皇陵吗？汉朝、唐朝、明朝、清朝的绝大多数皇帝活着时不也是大修陵寝吗？但这些皇帝修墓归修墓，并不住到墓里去（除非驾崩以后）。王重阳的奇特之处在于，他刚把墓修好，就搬了进去，并且在墓门上刻了四个大字：

活死人墓。

王重阳为啥要这样做呢？

《神雕侠侣》第四回，他的弟子丘处机给出了解释：

我恩师不是生来就做道士的。他少年时先学文，再练武，是一位纵横江湖的英雄好汉，只因愤恨金兵入侵，毁我田庐，杀我百姓，曾大举义旗，与金兵对敌，占城夺地，在中原建下了轰轰烈烈的一番事业，后来终以金兵势盛，先师连战连败，将士伤亡殆尽，这才愤而出家。那时他自称“活死人”，接连几年，住在本山的一个古墓之中，不肯出墓门一步，意思是虽生犹死，不愿与金贼共居于青天之下。

《神雕侠侣》第五回，金庸又对活死人墓的建筑构造做了较为详细的描写：

这活死人墓虽然号称坟墓，其实是一座极为宽敞宏大的地下仓库。当年王重阳起事抗金之前，动用数千人力，历时数年方始建成，在其中暗藏器甲粮草，作为山陕一带的根本，外形筑成坟墓之状，以瞒过金人的耳目；又恐金兵终于来攻，墓中更布下无数巧妙机关，以抗外敌。义兵失败后，他便在此隐居。是以墓内房舍众多，通道繁复，外人入内，即是四处灯烛辉煌，亦易迷路，更不用说全无丝毫星火之光了。

也就是说，王重阳修的不是墓，而是地下仓库，是抗金根据地，是易守难攻的地下堡垒。

后来王重阳抗金失败，专心修道，把活死人墓让给了他的情侣林朝英。林朝英死后，这座墓又被林朝英的后人小龙女所继承。小龙女不关心政治，活死人墓完全失去战略意义，从此成为小龙女的住宅和练功场所……

历史上肯定没有小龙女，也没有林朝英，但是却有王重阳这个人。

王重阳是陕西人，他出生时，陕西已经是金国统辖的地盘了。他参加过金国的科举考试，中过举人，但没有当官。按照他的弟子和再传弟子为他写的传记，他应该没有搞过什么抗金起义，只是有点儿愤世嫉俗，不想浑浑噩噩过一辈子。他四处访求奇人异士，希望获得人生指引。他遇见了传说中的道教神仙吕洞宾（也许只是一个冒充吕洞宾的江湖骗子），拜其为师。随后在终南山掘地成坟，隐居其中，长期修炼，静心悟道。

河南禹州白沙宋墓壁画，该墓应为“寿堂”，即墓主生前所修之墓

王重阳在坟墓中修炼七年，提炼出一套全新的道家教义。他走出坟墓，前往山东传道（当时山东也是金国的地盘），收了七个弟子（即武侠小说里的“全真七子”），成立了道教里的全新教派“全真教”。

王重阳亡故之后不久，蒙古人的势力扩张到中原地带，妄想长生不老的成吉思汗和元世祖忽必烈都对全真教的教义很感兴趣，所以全真教在元朝非常兴旺。

宋朝墓道里的镇墓兽

综上所述，王重阳并非宋朝人。既然他不是宋朝人，那我们这部《过一场风雅的宋朝生活》为何要把他拎出来呢？

因为，他的活死人墓在一定程度上可以反映宋朝风俗。

活死人墓绝对不是王重阳的首创，宋朝很多平民百姓都修建过活死人墓。

最近半个世纪以来，文物工作队在山西、陕西、河南、四川、贵州等地发掘的北宋古墓和南宋古墓，墓道里往往能见到一块沉重的镇墓石，镇墓石或者墓穴墙壁上有时会刻着“生堂”“寿堂”“永镇寿堂”的字样。像这些古墓，其实都是活死人墓。换句话说，它们都是在主人还活着时就准备好的。

与普通墓穴相比，活死人墓通常有如下特征：

第一，墓道里有石狮石虎之类的镇墓石把守门户；

第二，墓穴四壁上绘画或者雕刻着墓主人的画像；

第三，画像旁边书写或者刻有“生墓”“生堂”“寿堂”“千年吉宅”等文字；

第四，墓穴里可能会埋一块方砖或者青石板，上面雕刻“预造千年吉宅”等文字。

苏东坡《东坡志林》第七卷写道：“生者之室谓之寿堂，以偶人披甲执戈，谓之寿神以守之，而以石甓塞其通道。既死而葬，则去之。”他这段话描写的是北宋四川活死人墓的特征：活着时修造坟墓，名曰“寿堂”。墓前用“寿神”的雕像守卫，墓道用镇墓石把守。等墓主人真的死了，下葬之时，再把寿神和镇墓石搬走。

人还活着，却提前挖好坟墓，以我们现代人的眼光，实在很不吉利。可是对宋朝人来说，这样做却是大吉大利。

我们知道，古代中国人讳死，但从来不忌讳在屋里放棺材。人活着时就备下的棺材，美其名曰“寿材”，认为不但不晦气，还能让人长寿。

两宋时期，有条件的老百姓会趁着壮年，备好棺材，挖好墓穴，在墓穴墙壁上画上两口子的肖像，阴刻“寿堂”“生堂”“千年吉宅”等字样，最后在墓道里放一只镇墓兽，然后开心地等待十几年甚至几十年，岁月静好，入土为安。

这样做，一是可以避免将来死后，儿孙临时抓瞎，买不起棺材，挖不好坟墓。二是有“厌胜”的作用，试图用一座没有尸体的空坟来糊弄那些不期而遇的死神：瞧见我的坟墓没有？我已经死了耶，你们找别人索命去！

郭靖应该怎样埋葬师父

前文说过，金庸笔下还有一位绝世高手，他在王重阳仙去之后出生，姓郭名靖。

王重阳是金国人，郭靖是宋朝人，虽说生在蒙古。

郭靖有七个师父，江湖人称“江南七怪”，在南宋出生，在南宋长大，在南宋成名，是地地道道的宋朝人。

《射雕英雄传》第三十四回，江南六怪去桃花岛，遭到“西毒”欧阳锋伏击，六怪当中有五怪都惨死在岛上。当郭靖赶到时，凶手早已远去，郭靖悲愤莫名，伤心透顶，草草地埋葬了他的五位师父。

原文描写了郭靖埋葬师父的全过程：

郭靖将四具尸身抱入树林，离坟墓数百步之遥，这才俯身挖坑。他先用韩小莹的长剑掘了一阵，到后来愈掘愈快，长剑啪的一声，齐柄而断，猛然间胸中一股热气上涌，一张口吐出两大口鲜血，俯身双手使劲抓土，一把把地抓了掷出，势如发疯。

黄蓉到种花哑仆的居中去取了两把铲子，一把掷给了他，自己拿了一把帮着掘坑。郭靖一语不发地从她手中抢过铲子，一拗折断，抛在地下，拿另一把铲子自行挖掘。

到此地步，黄蓉也不哭泣，只坐在地下观看。郭靖全身使劲，只一顿饭工夫，已掘了大小两坑。他把韩小莹的尸体放在小坑之中，跪下磕了几个头，呆呆地望着韩小莹的脸，瞧了半晌，这才捧土掩上，又去搬朱聪的尸身。

…………

他呆立一阵，缓缓将朱聪、韩宝驹、全金发三人的尸身搬入坑中，要待掩上，但望着三位师父的脸，终是不忍，叫道：“二师父，三师父，六师父，你们……你们死了！”声音柔和，却仍是带着往昔和师父们说话时的尊敬语气。……

最后，小说中写道：

只见郭靖转身又到坑边，铲了土，将三人的尸体掩埋了。

简言之，郭靖挖了两个坑，一个坑埋他的女师父，一个坑埋他的男师父。他挖土成穴，堆土成坟，既没有棺材，也没有墓碑，埋葬得甚是草略。

现在我们做一个假设，假设郭靖埋葬师父们的时候，宋朝大儒司马光在旁边观看，那么司马光一定会批评郭靖违背礼法。

按照司马光整理的丧葬礼法，郭靖应该这样举行葬礼：

第一步，为死者招魂。找出师父们的上衣，爬到房顶上，挥舞着上衣，高喊三遍："××师父回来！××师父回来！"

第二步，为死者换衣服。男师父要换白色布衣，披头散发，赤着双脚。女师父要换青色布衣，披头散发，不赤脚。

第三步，向亲戚朋友报丧。

第四步，为死者洗澡，修剪指甲和胡须（如果有胡须的话）。

第五步，在死者嘴里放一枚铜钱或者一块玉石。

第六步，再次为死者换衣服，换上正式的寿衣。

第七步，做铭旌。所谓铭旌，是用暗红色丝绸做的旗子，上面书写"××之灵位"。做好铭旌，插在死者身旁。

第八步，做魂帛。将白色的丝绸裁成长条，扎成人形，左侧书写死者出生的时间，右侧书写死者故去的时间。做好魂帛，摆在死者前面。

第九步，小敛。所谓小敛，就是把死者抬到床上，裹上被子，两头扎紧。这道工序要在亡故后的第二天完成。

第十步，大敛。大敛是亡故后第三天要做的，其实就是把死者抬进棺材（尸体外面紧裹的被子不要拆下来），盖上棺材盖儿。盖棺的时候，死者的家属，也就是郭靖郭少侠，一定要边跳边哭，尽可能表现出悲痛欲绝的样子。

南宋三彩红陶磨，腹径9.1厘米，口径16.3厘米，通高15.5厘米，为宋代随葬品，但可以窥见当时石磨形制，现藏四川遂宁宋瓷博物馆

第十一步，成服，也就是穿上孝服。亡故后第四天，所有家属一律穿孝。

第十二步，吊孝，也就是祭奠死者。这道工序与成服同时进行，家属在家成服，亲朋赶来吊孝，根据与死者的亲疏程度，送来数量不同的供品和数额不等的白包。

第十三步，选墓地，修坟墓，备办各种随葬品，请人写碑文、写墓志铭，请工匠刻碑、刻墓志铭。假如死者生前早有准备，提前办好了这些事情，那么这一步可以省略。

第十四步，出殡。家属披麻戴孝，手持引魂幡，走在前面，边走边哭，走几步一叩首。远房亲属和雇来的苦力抬着沉重的棺材走在后面。送葬的亲朋故交走在最后面。在这个长长的队伍里面，还有主持丧葬的礼生，抬着祭桌的白事人，负责撒纸钱、放鞭炮、拿纸人纸马的闲汉。大队人马抵达墓地，下葬，痛哭，祭祀，再哭，最后烧掉所有的纸人纸马，各回各家。

第十五步，送葬的亲朋走了，没事了，家属还要“返哭”——回到家，请出死者的牌位，再哭一次。

第十六步，下葬后的第一个柔日、第一个刚日，以及刚日后面的第一个柔日，家属都要再哭一次。我们知道，上古以天干计日，甲日、丙日、戊日、庚日和壬日是刚日，乙日、丁日、己日、辛日和癸日是柔日。

第十七步，下葬后第十三个月，家属脱去孝服，改穿素色衣服；下葬后第二十五个月，素色衣服也可以脱下，改穿平日穿的鲜艳衣服。

第十八步，下葬后第二十七个月，家属请出死者的牌位，做最后一次祭祀。此后每年清明节，上坟扫墓即可。

上述礼法如此烦琐，郭靖能做到吗？当然做不到。他在桃花岛上，通信落后，购物极不方便，向谁报丧？去哪儿买棺材？请何人抬棺和送葬？都不可能嘛！再者说，当时他那样悲痛，恨不得陪师父们一起去死，又怎么有心情有精力一步不少地完成那么多道工序呢？

也甭说郭靖，就说那些平民百姓，家里没有余钱，平日忙于生计，既买不起全套的丧葬用品，也没工夫穷年累月地在家守孝。天天祭祀，不出去工作，难道让一家老小饿死吗？

所以司马光老先生制定的礼法，并不要求所有人遵守。

司马光在他编撰的《书仪》一书中，总是用这样的语气："今人所难办。""难一一从古。""庶从简易。""今人大敛即成服。""今从众。"大概意思是说，他制定的那些规矩，很多人不能遵循，因为实际情况不允许，不得不从习俗上进行简化。

说到丧葬风俗的简化，我是深有体会。

我小时候，已经是20世纪80年代，传统习俗已经扔掉了一大半，但是跟今天比起来，农村地区办丧事的规矩仍然多得要命。比如说，家中长辈故去，无论发现得有多晚，当天必须赶到娘舅家（母亲或者祖母的娘家）报丧；去报丧的时候，必须带一卷黄表纸，但这卷黄表纸却不许带进娘舅家，只能放在其大门口，空着手进去，向娘舅报告长辈的死讯；下葬那天，必须雇六个人或者八个人或者十个人或者十六个人抬棺材，无论墓地离家有多远，棺材都不能落地；下葬以后，"五七"（下葬后第三十五天）和"百天"（下葬后第一百天）必须祭祀，祭祀那天必须有亲朋到场，家属必须大宴宾客。

现在呢？我们豫东农村的年轻人大部分都在外地打工，为了节省时间，丧葬习俗越来越简化：报丧不一定非要亲自赶到娘舅家里去，打一个电话就行；出殡不需要雇人抬棺材，雇一辆小型卡车或者机动三轮车即可；"五七"和"百天"的祭祀可以合并到一天进行，甚至与来年清明节合到一块儿，省得家属一直在家守着，也为亲戚朋友免去了千里奔忙的诸多烦恼。

翻开宋朝志怪小说集《夷坚志》，随处都能读到民间丧葬不得不从简的情节。例如，某某士子病逝，"家贫子弱，葬不以礼"。家里穷，儿子小，不能按照礼法埋葬。某某诗人年迈体衰，死在半道上，"道旁人亦旧识，怜其无子，为买苇席，束而葬诸原"。路人可怜他没儿子，买了一张芦苇席，把他的尸体裹起来，抬到野外埋了。某某县吏去世，"家贫未能葬，殡于城隍祠前。次年，冢为雨所坏，露棺一角"。家里穷，不能按礼法殡葬，在城隍庙前面随随便便找了一块空地，随随便便挖了个坑，埋得很浅，第二年下大雨，坟墓被冲毁，棺材角都露出来了……

南宋法典《庆元条法事类》第七十七卷规定："诸丧葬有制数，而力不及者，听从便。”丧葬是大事，有现成的礼法来约束，但是对于那些实在没有能力按礼法殡葬的家庭，法律可以网开一面，怎么简便怎么来好了。

从这条规定来看，宋朝法律还是比较有人情味儿的。

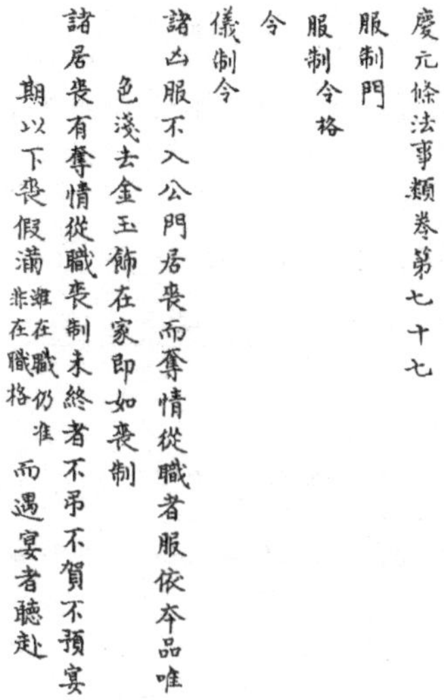
慶元條法事類卷第七十七
服制門
服制令格
令
儀制令
諸凶服不入公門居喪而奪情從職者服依本品唯色淺去金玉飾在家即如喪制
諸居喪有奪情從職喪制未終者不弔不賀不預宴
期以下喪假滿雖在職仍准非在職格而遇宴者聽赴

南宋法典《庆元条法事类》第七十七卷是关于丧葬的法令

武大郎因何火葬

宋朝存续三百多年，法律不会一成不变。

北宋初年，在整理和抄袭唐朝法律的基础上，朝廷编撰了一部《宋刑统》，这部法典严禁火葬：“子孙于祖父母、父母……烧棺椁者，流二千里，烧尸者绞。”子孙埋葬长辈，只许土葬。敢烧长辈灵柩，流放两千里；敢烧长辈尸体，判处绞刑。灵柩不能烧，尸体也不能烧，当然是禁止火葬。

但是到了南宋，编撰《庆元条法事类》的时候，整部法典当中已经完全见不到关于火葬的禁令了。

这说明，宋朝官方最初是禁止火葬的，后来顺应民意，对火葬采取了默许的态度。

事实上，即使在北宋法律禁止火葬的时候，火葬照样盛行。我们不妨翻开《水浒传》，回顾回顾武大郎被火葬的情节，了解一下宋朝民间如何火葬。

《水浒传》第二十四回，潘金莲毒死武大郎，请“团头”何九叔和他的“火家”帮忙殡葬。在宋元时期的山东方言里，“火家”就是伙计，“团”者，协会是也，“团头”者，协会主席是也。何九叔作为职业殡葬师，大概是阳谷县殡葬协会的主席，平日里就靠帮人家主持葬礼为生。

在何九叔的主持下，潘金莲买了棺材，买了鞭炮，买了纸人纸马，买了丧葬所需的一切物件。东西买齐后，何九叔还派了几个伙计，帮潘金莲收拾灵堂，摆放供品，把武大郎的尸体移入棺材。

《水浒传》第二十五回，武大郎死后第三天，因为潘金莲要求“只三日便出殡，去城外烧化”，何九叔的伙计们一大早赶到，“自来扛抬棺材”，也有几个街坊送葬，潘金莲身穿孝服，一路上假哭。

阳谷县城郊外有一个火葬场。众人来到这个火葬场，何九叔也到了，先给武大郎烧了一串纸钱，然后就吩咐连棺材带尸体一起烧掉。此时，潘金莲带着送葬的街坊去火葬场旁边的“斋堂”里吃饭，何九叔等着棺材烧完，把骨灰收拾起来，撒到了火葬场上的“撒骨池”里。

小小一个县城，既有火葬场，又有撒骨池，看来当地人早已习惯了火葬。

宋朝火葬罐，后世俗称“骨灰盅”“金塔”，现藏于西安关中民俗艺术博物院

《水浒传》写于元末明初，但是关于武大郎火葬这段情节，反映的确实是宋

朝风俗，至少是宋朝风俗在元朝或者明朝的遗留。

《美国历史评论》第九十五期刊登过一篇《宋朝的火葬》，作者埃布莉是美国学者，她的考证结论是，宋朝是中国古代历史上最流行火葬的朝代，平均每一百人去世，其中会有将近三十人被火葬。

火葬在宋朝为何这样走红呢？

至少有三条原因。

第一，火葬比土葬便宜。

搞土葬，总要买棺材、买墓地吧？总要修墓吧？总要雇人把棺材抬到墓穴里吧？费时费力，也费钱。改成火葬，最多买一具棺材，连人带棺一把火烧掉，骨灰往撒骨池里一撒，万事大吉，用不着买墓地。

当然，宋朝人火葬之后，有时会把骨灰存到瓷器烧造的骨灰罐里，再把骨灰罐放入棺材，最后还是要入土为安，相当于先火葬，后土葬。像这种情形，一般是官员或商人死于外地，家属想把尸体运回老家安葬，可是路途遥远，交通落后，那时候可没有冰棺，尸体会在半道上烂掉，不得已，只好火葬，然后把骨灰运回去。本质上说，这还是为了节省成本——节省运送尸体的成本。

《宋文鉴》中有一篇文章写道："或以守职徼远，葬于先祖之茔域，故焚之以苟其便易。"某些官员在任职所在地去世，离家乡太远，只能烧成骨灰，才有可能归葬。

吕祖谦《少仪外传》也阐明了同样的理由："旅官远方，贫不能致其柩，不焚之，何以致其归葬？"离家那么远，家属没能力把灵柩运回去，如果不火葬，怎能将死者安葬于家乡呢？

公元1066年，苏洵死在首都开封，朝廷赏给苏轼兄弟白银一百两、丝绸一百匹，作为苏洵的安葬费，又派官船护送苏洵的尸体回四川眉山。苏轼和弟弟苏辙坐着官船扶柩还乡，下汴河，入淮河，过长江，到眉山，一路上花了半年时间。假如朝廷不给补贴，不派官船，苏轼兄弟很可能会在开封把苏洵火葬的，因为路途遥远，开销巨大，“不焚之，何以致其归葬”？

第二，火葬比土葬卫生。

《夷坚丁志》第十五卷写到南宋时期的江南风俗：

江吴之俗，指伤寒为疫疠，病死气才绝，即敛而寄诸四郊，不敢时刻留……至秋，将火葬。

江南地气潮湿，气候温暖，病菌很容易传播，造成大面积瘟疫，谁家有人病死，不招魂，不换衣，不小敛，不做铭旌和魂帛，直接盖棺，钉死，抬到外面，等秋后火葬。

古人不懂什么病菌和病毒，只是从经验上认识到，病死者的尸体存放过久，会感染活着的人。《宋文鉴》记载宋朝一些老百姓的心理：“或以恶疾而死，俗云有种，虑染其后者而焚之。”如果某人得病暴亡，那么他的亲属就会说他身上藏着“病种”，必须火葬，否则那“病种”会逃出来，让亲属得病。

火葬之时，大部分病毒、病菌和一切寄生虫都会随着死者的躯体化为灰烬，确实有助于卫生，有助于防止疾病的传播。宋朝人火葬，靠谱！

第三，火葬可以节省土地。

前面说，官员死于异地，先火葬，再土葬。那平民百姓呢？绝大多数都不会这么麻烦，烧就烧了，要么撒到撒骨池里，要么装到骨灰坛里，再把骨灰坛存放到祠堂里或者寺庙里。土葬？没必要。买墓地？未必买得起啊！

《宋史》第四百三十七卷记载湖北风俗：“死则不葬，而舁诸火。”死了不埋，扔进火堆。为啥？《夷坚支志·乙》第九卷有相关解释：

鄂州地狭而人众，故少葬埋之所。近城隙地，积骸重叠，多举棺置其上，负土他处以掩之。

湖北人多地少，土地紧张，死人与活人争地，活人当然优先考虑。城郊的空地不能种庄稼，坟头密密麻麻，见缝插针都插不进去，没办法，只好在旧坟上面添造新坟，把死人的住所都搞成了楼房。具体怎么搞呢？原来是把棺材放在旧坟上，再覆盖一层土，把棺材盖住就行了。

不止湖北，整个宋朝都是人多地少。宋徽宗时，人口突破一亿大关，超越以往任何一个朝代，但疆域却比汉唐时期小得多，人均耕地少得可怜，人口密度高得吓人。假如还像以往的朝代那样盛行土葬，宋朝人真的会饿死一大批的。

范仲淹的儿子范纯仁当过太原知府。“其境土狭民众，惜地不葬。纯仁遣僚属收无主烬骨，别男女异穴，葬者三千余。”太原人多地少，老百姓珍惜土地，不愿土葬，只搞火葬。范纯仁作为正宗儒家门生，从意识形态上认为火葬不好，烧毁父母身体，简直十恶不赦。所以他派下属到民间访查，凡是火葬的，把骨灰搜集起来，官府出资，埋入墓地。他在太原干了一任知府，埋葬了三千多个死者的骨灰。

上述故事见于《宋史》，修撰《宋史》的人是将范纯仁当作好官来歌颂的。不过站在纯经济立场的角度看，范纯仁为了维护土葬的旧习，害得太原又损失一大片耕地。

为死人办证

宋朝是多种丧葬形式并存的朝代。

据《东斋记事》记载：

凤州贫民不能葬者，弃尸水中。

《岳阳风土记》写湖南岳州民俗：

死者多不埋葬，或暴露风日，或置之木梢。

这些史料说明，宋朝既有土葬和火葬，也有水葬和天葬。

但是，在整个社会占主流的，肯定还是土葬。就连火葬那么盛行，最多也只能占到三成而已，其中有相当一部分烧完以后还是要入土，要挖坟修墓的。

宋朝的墓，少数是土墓，像郭靖在桃花岛埋葬师父时那样，刨一土坑，埋入死者，覆土堆坟，省时省钱。稍微讲究一点儿的宋墓，那必定是砖墓——挖墓穴时，挖深一些，挖宽一些，挖成一个长方形的或者正方形的大坑，用砖把东西南北四面土墙给砌起来，其中一面墙留出缺口，留出一条可供棺木出入的墓道，并用砖把墓道铺成一个斜坡，或者砌成阶梯状。最后，墓顶也要用砖来做，通常是用砖发券，做成一个倒扣着的锅盖形的砖顶，砖顶上面再覆盖一层厚厚的黄土。从外面瞧，是一座土坟。把土坟刨开，下面都是砖。

下葬时，棺材从墓道进入墓穴，棺材外面放一盏长明灯。棺材一般是双层的，里面那层是“棺”，外面那层叫“椁”，就像古代士大夫穿鞋，里面那层叫鞋，鞋的外面再套一双靴。不过死者家里假如没钱，也可能只买一口薄皮棺材，“椁”就免了，就像平民百姓只穿鞋不穿靴一样。

古人讲究“事死如事生”，将死人当成活人来侍奉。活人要住宽大的房屋，所以要给死人修建宽大的砖墓。活人家里要有家具，所以死人墓里要有陪葬品。宋朝还好，官方一直提倡薄葬，与汉唐时期相比，陪葬品已经少多了。汉唐时期往往陪葬大量的陶器、瓷器、漆器、玉器、珠宝和人俑，到了宋朝，这些器物都可以用绘画来代替：砖墓砌成，在四壁和穹顶抹上白灰，请画工绘制彩画。例如，在四壁上画“八仙过海”和“二十四孝”的故事，在穹顶上画“莲花宝座”和“流云飞鹤”等图案，再在合适的位置绘画墓主的肖像，肖像旁边画几个仆人，营造出一幅人间仙界的幸福景象。

好多宋墓的穹顶正中心还会画一面圆圆的宝镜（有的会镶嵌一面真实的镜子），这是为了辟邪。古人迷信，担心魑魅魍魉闯入墓穴，偷吃死者的脑子，欺负死者的灵魂，有这面宝镜照着，那些恶鬼就不敢来了。前文说过，宋朝墓道里会放一只镇墓兽，那也是为了辟邪，为了挡住恶鬼。

不过光有宝镜和镇墓兽还不够，宋朝人还会再为死者加一份保险。这份保险刻在一块青砖上，或者刻在一块石头上，或者刻在金属板上。刻什么内容呢？

容我抄录如下：

维淳熙十三年岁次丙午闰七月丙午朔十四日己未，恭人蔡氏，以辛巳年九月十二日殁故，龟筮协从，相地袭吉，宜于泉州南安县归化里西峰龙安禅院之后山安厝宅兆，谨用钱九万九千九百九十九贯文，兼五彩信币，买地一段，东西一百步，南北一百步，东至青龙，西至白虎，南至朱雀，北至玄武，内方勾陈，分掌四域。丘丞墓伯，分步界畔，道路将军，齐整阡陌，千秋万岁，永无殃咎。若辄干犯诃禁者，将军亭长，收付河伯。今以牲牢酒饭，百味香新，共为信契，财地交相分付，工匠修营安厝已后，永保休吉。

知见人：岁月主。

保人：直符。

故气邪精，不得忏怪。先有居者，永避万里。若违此约，地府主吏自当其祸，主人内外存亡悉皆安吉。急急如五帝使者女青律令。

上述文字铸刻于一块铁板之上。这块铁板长39厘米，宽32厘米，厚1厘米，1973年从福建省南安县城关镇一座宋墓中出土。

按照铁板上文字的叙述，墓主是一位女士，人称蔡氏，于宋孝宗淳熙十二年（1185年）九月十二日去世，并于淳熙十三年（1186年）七月十四日下葬，墓地选在南安县归化里西峰龙安禅院的后山。买墓地时花了九万九千九百九十九贯，这块地东西宽一百步，南北长一百步，东到青龙，西到白虎，南到朱雀，北到玄武，四面八方都有神仙守护，产权清晰，四至明确，不许任何鬼怪前来骚扰，死者以及死者家属都将平平安安。

这段话，只有墓主的死亡时间、下葬时间和墓地的具体位置是写实，后面的部分全是虚构，全是用来吓唬妖魔鬼怪的——瞧见没？这块墓地是俺的不动产，这块铁板是俺的房产证，俺住这儿天经地义，你们哪个小鬼敢到俺地盘上撒野，俺就让神仙和阎王出来收拾你们！

在已经出土的宋墓里面，只要是保存完好、未经盗掘的墓穴，骸骨旁边基本上都有这样一块虚构的买地文书，或铸刻，或砖雕，或木质，或石质，在宋朝叫作“买地券”，说穿了，其实就是为死人办的房产证。

南宋周密《癸辛杂识·别集》卷下《买地券》记载：

今人造墓，必用买地券，以梓木为之，朱书云：“用钱九万九千九百九十九文，买到某地若干”云云，此村巫风俗如此，殊为可笑。

翻成白话文就是说，本朝埋葬死者，墓穴里一定要放一块买地券，通常使用黄楸树的木板，用红笔书写“用钱九万九千九百九十九文，买到某地若干”之类的内容，这是乡间迷信的风俗，非常可笑。

现代泥塑再现宋朝街头算命场景，拍摄于河北唐山麻龙湾《清明上河图》泥塑园

北宋时期，司天监杨惟德编撰丧葬指南《茔原总录》，在第三卷专门为买地券指明格式：

维年月朔日某州某县某坊住人某甲，伏缘父母奄逝，未卜茔坟，夙夜忧思，不得所厝，遂令日者择此高原，来去朝迎，地占袭吉。地属本州本县某村之原，堪为宅兆。梯己铀将钱彩买到墓地一方，南北长若干步，东西阔若干步，东至青龙，西至白虎，南至朱雀，北至玄武。内方勾陈，分掌四域。丘丞墓伯，封步界畔。道路将军，齐整阡陌。致使千秋万载，永无殃咎。若有干犯，并令将军亭长缚付河伯。今备牲牢酒饭，百味香新，共为信契，财地交相，各已分付。

令工匠修营安厝已后，永保休吉。

知见人：岁月主。

代保人：今日直符。

故气邪精，不得忏扰。先有居者，永避万里。若违此约，地府主吏自当其祸，主人内外存亡悉皆安吉。急急如五帝使者女青律令。

按照这种格式，只要填上年月日，填上死者或者死者家属的名姓，就是一份完整的买地券。

《茔原总录》又补充道：

券立两本，一本付后土，一本乞付墓中，令亡父某人收执，渠备付身，永远照用。今合券，背上又书“合同”二字，令故气伏尸永不侵争。

意思是说，买地券原有两份，一份埋在土里，一份放在墓里，安置在死者身侧。现在合为一份，并在背面添加“合同”两个字，可以让死者安息，不被妖魔鬼怪欺负。

为死人办房产证，绝对不是宋朝人的发明。迄今为止出土的买地券，年代最早可以上溯到东汉，年代最近则能流传到明朝。著有《中国历代契约会编考释》的历史学家张传玺先生为买地券写过一段比较精彩的总结，我抄在下面，供大家参考：

买地券又叫“地券”“墓莂”，始见于汉代，绝大部分为铅制，形如汉简，少数为玉石、砖瓦制成，文字是刻画的。魏晋以后，人世间逐渐用纸书写契约，纸形近于正方，买地券的质料和形制也相应地发生变化，多仿纸契，用短而广的陶砖、石片、木版制成，文字用刻画或朱墨书写。买地券是随葬品，是葬家为死者虚构的一种置买墓地的契约，这是土地私有制发展在意识形态中的反映。……东汉时的买地券刚刚行用，所写内容与人间契约几乎完全相同，史料价值很高。东汉末及魏晋以后，买地券内容的迷信化程度日益加深，其史料价值也相应地降低了。

由此可见，东汉时期刚刚流行买地券的时候，券上文字基本写实，说墓地多大面积就有多大面积，说花了多少钱就真的花了多少钱，所以具备史料价值，可供研究当时地价。魏晋以后，买地券上面虚构的内容越来越多，地块面积是假的，土地价格是假的，中间人和公证人都是神仙，再也不能当作真实的地价来研究了。

记得有一年，某大学一博士点搞宋代地价研究，课题主持人和参与者治学粗疏到了极点，竟然将宋墓里出土的那些买地券都当成真实的交易案例，从而得出非常离谱的结论：某块地动辄以千万贯成交，证明宋朝经济繁荣，地价出现疯涨云云。

魂瓶以及宋墓里的拜火教

我老家河南开封博物馆新馆开放那天，我带孩子去参观，在二楼宋金展厅见到一对青色瓷瓶，两尺来高，样子相近，像一对刚上幼儿园的双胞胎。

上下打量这对“双胞胎”，都是瘦瘦的身材，下半截大肚圈足，上半截堆塑着许多佛像、云朵、游龙和神龟，顶端都有一个圆锥形的盖儿，盖子上都站着一只鸟。

南宋影青瓷魂瓶，现藏河南省开封博物馆

开封博物馆给这对瓷瓶取了名字：南宋影青皈依瓶。

我儿子不认识“皈依”的“皈”字，问我什么意思。我告诉他，“皈依”就是信仰某种宗教，一般指佛教。打个比方说，以前你不信佛，现在信了，别人就可以说你皈依了。

但是，这对瓷瓶跟皈依佛教没什么关系，寺庙里为信众举行的皈依仪式上也不可能用到这种瓶子，因为它们是明器，是随葬品，是埋在墓穴里给死人用的。

国内博物馆里经常可以见到这类瓷瓶，一般都是成对出现，造型都跟我们开封博物馆里展出的这对瓷瓶差不多。我在江西省博物馆见过一对，高约半米，下半截大肚圈足，上半截堆塑一圈佛像，佛像再往上，各缠一条龙和一头猛虎，瓶口盖着圆锥形的盖子，盖子上各站一只鸟。

因为瓶身堆塑佛像的缘故，过去考古界误以为只有佛教徒死后才会用这类瓶子随葬，所以命名为“皈依瓶”。也有人根据形态来命名，称它们“堆塑瓶”或者“堆塑长颈瓶”。不过这些命名都不太科学，比较科学的名字应该是“魂瓶”。

为什么叫作“魂瓶”呢？难道它们像林正英在世时主演的那些香港恐怖片一样，被茅山道士用来收孤魂野鬼的魂魄吗？其实不是的。它们真正的用途，是帮助死者的魂魄上天。

在宋朝，平民百姓和中下级官吏去世后下葬，墓穴里往往会放入一对魂瓶。如果是夫妇合葬墓，墓穴里会有两对魂瓶，男尸附近放一对，女尸附近放一对。墓穴里随葬魂瓶的风俗，淮河以南的地区比较流行，特别是在江西，几乎每一座宋墓里都能发现魂瓶——假如那座宋墓没有被盗墓贼提前破坏的话。

具体来讲，宋墓里的魂瓶有两个作用。

第一，用来镇墓。

宋朝人迷信，既相信人死后有鬼魂，又相信会有一些恶鬼来侵扰墓穴里的死者，就像非法闯入民宅的盗匪一样，必须采取措施把它们赶走，否则死者的亡灵无法安息。怎么才能赶走恶鬼，或者让恶鬼不敢进入墓穴呢？可以在墓道里放一只用石头雕成的粗大笨重的镇墓兽，也可以在棺椁旁边放两只魂瓶。魂瓶上不是有一圈佛像吗？佛像上面不是有游龙、猛虎、神龟或者其他吉祥物吗？在宋朝人心目中，这些雕塑都有驱赶恶鬼的功效。

第二，用来引魂。

受佛教文化的影响，宋朝人认为人死后可能会进入轮回，也可能往生极乐世界。假如没有向导领路，大部分鬼魂都会处于浑浑噩噩的状态，总是找不着北：本来可以顺利投胎，结果留在了中阴世界；本来可以升上天堂，结果再次投生凡间；本来可以往生极乐，结果陷入六道轮回。所以，古人在魂瓶的顶端塑造一只神鸟，让神鸟指引着鬼魂的去路，帮助它们走进更好的世界。

南宋青白釉魂瓶，江西省博物馆收藏

江西省萍乡市湘东区下埠镇虎山村南宋古墓中出土的一对魂瓶

参观完了博物馆的魂瓶，我们不妨再去宋墓里观摩一下。

开封尉氏县有一个张氏镇，张氏镇有一个后大村，2000 年 7 月，文物工作队在后大村南部发掘了一座宋代砖室墓。

这座宋墓里有没有魂瓶呢？也许有，但是文物工作队没有找到。这不是文物工作队的错，早在正式发掘之前很多年，这座墓就被盗墓贼光顾过了，凡是看起来可能值钱的东西，都已经被洗劫一空。文物工作队的同志精心清理随葬品，只找到几枚北宋时期的铜钱，以及一只大腹小口的宋代陶瓮。

尉氏县张氏镇这座宋墓，是一座夫妇合葬墓，墓门在南，死者的遗骸头朝南方，脚在北方，两具遗骸东西并排，东边那具是男性，西边那具是女性。

就像宋朝大多数砖墓一样，这座墓的墓穴砌了四面墙，四面墙上还有一个用砖发券盖的像倒扣的铁锅似的穹顶。宋朝官府提倡薄葬，像秦汉以前的活人殉葬、秦汉以后的器物随葬，已经被宋朝人最大限度地废除了。

当年儒家提倡废除活人殉葬，兵马俑和唐三彩之类的人俑随之走红。宋代官府提倡废除器物厚葬，然后壁画墓就开始走红。在尉氏县张氏镇这座宋墓的四壁和穹顶上，密密麻麻画满了壁画。简单说，墓穴东西南北的四面砖墙上主要绘画二十四孝里的经典故事，穹顶之上则主要绘画天国的景象。

张氏镇宋墓的穹顶壁画所画的天国，是道教和佛教这两大宗教共同构造出来的天国，同时又实实在在地凸显出了本土世俗文化的印迹：墓顶下面画了一群手提花篮或者头顶果盘的飞天，中间点缀着佛教的莲花，也点缀着开封特产的菊花。由此可见，在宋朝开封就已经盛产菊花了。

最耐人寻味的是，在四壁和穹顶之间，竟然还画着四个大火球，火球下面还各有一个大火盆。这些图案是什么意思呢？

要知道，佛教文化里常见的装饰图案中并没有火球。道教里倒是有，但画得都很小，一般画成一个小圆圈，圆圈外面飞出一小团火焰，火焰下面没有火盆，却有一些云朵，这种图案叫作“卷云火焰宝珠纹”，在受道教影响比较大的古墓中可以见到。举例说，在今河北张家口宣化辽墓和蔚县辽墓的穹顶天象图中就能见到一圈一圈的卷云火焰宝珠纹。

张家口蔚县辽墓的穹顶壁画，张馨尹拍摄

张家口蔚县辽墓穹顶壁画的飞燕和卷云火焰宝珠纹，张馨尹拍摄

我们有理由相信，张氏镇宋墓壁画上的火球和火盆图案是受了祆教的影响。

祆教俗称“拜火教”，最初起源于现在伊朗附近的中东地区，至少在三千年前就已经诞生了，在两千多年前已经发展出成熟的教义，并且拥有规模庞大的信众。这个宗教非常崇拜火，将火视为宇宙当中最神圣的物质，将拜火当成信徒们最神圣的职责。

至少在唐朝时期，中东的拜火教就已经沿着陆上丝绸之路传播到中国，最初在中国的信徒以来华定居的胡人为主。到了北宋，拜火教渐渐本土化，大约在北宋中叶前后，开封已经出现一批拜火教信徒，他们还在开封北郊建立了庙宇。北宋晚期的文人张邦基记载：“东京城北有祆庙。祆神本出西域，盖胡神也，与大秦穆护同入中国，俗以火神祠之。京师人畏其威灵，甚重之。”说明拜火教在开封民间影响力不小。

尉氏县离开封市区不远，拜火教在开封市区拥有成规模的信徒之时，在尉氏县应该也会产生影响，假如张氏镇宋墓的墓主夫妇及其子孙后代活着时曾经皈依拜火教，应该不算是一件特别奇怪的事情。

当然，墓穴里的壁画和随葬品，更大程度上反映的是习俗，而不是宗教。信教出于信仰，习俗形成的主因是跟风。张氏宋墓里没有墓志铭，我们无法断言墓主夫妇到底信仰什么宗教，也许他们和他们的子孙什么都不信，只是见到别人墓里随葬魂瓶，自己也要有；见到别人墓里绘画火焰，自己也要画。至于为什么要这样做，那不重要，重要的是没有在追逐时尚的路上掉队。

下编

一个宋朝人的四季

第一章

正月里来是新年

面蛇、柳枝、桃符

（宋）佚名《岁朝图》，现藏台北故宫博物院

北宋开封，正月初一，离天亮还有两个小时，一个中年男子早早地从床上爬起来，披上棉袄，套上棉裤，穿上鞋子，来不及洗漱，就提着灯笼走出家门，腋下夹着一个包裹。

他在门外找到一小块空地，放下灯笼，从包裹里取出一把铁铲，开始刨坑。就着昏黄的灯光，我们隐隐约约可以看到，地上摊开的包裹里面还有三样东西：

一条蛇、一把豆子、一颗鸡蛋。

坑刨好了，他把蛇、豆子和鸡蛋都扔了进去，填上土，踩结实，嘴里嘟嘟囔囔念叨几句，转身回家。

咦，他干吗把这些东西埋起来呢？大伙儿别急，继续跟着他，看他下一步要做什么。

这个中年男子回到家，洗把脸，漱漱口，喝杯热茶，又翻出一捆柳树枝，和一根鸭蛋粗细的桃树枝。他把柳枝散开，先拿一根插到门环上，又拿几根插到窗棂上。他家有四扇窗，插了四根柳枝；还有两扇门，每扇门上也各插了一根。

然后他又拿起那根桃树枝，一劈两半，都削成上宽下窄的楔子，七八寸长，削得尖尖的，刮得光光的，提起毛笔，在一只楔子上写了“神荼”两个字，另一只楔子上写了“郁垒”两个字。他把这两只桃木楔分别插到大门两边的空地上，拎起锤子，啪，啪，啪，啪，全钉到泥土里，只留桃木楔的上半截在外面。

当他忙完这些的时候，天已经快要亮了。他赶紧把老婆喊起来，帮他熬糨糊，贴年画。两口子把门神贴到门上，把春联贴到门框上，最后又取出一块长方形的桃木薄板，在上面写了“顺天行化”四个字，钉在了大门的门楣上。

中年男子放下钉桃板的锤子，看看门外填平的那个小土坑，看看大门两边露出半截的桃木楔，看看窗户上斜插的那些柳树枝，看看大门上新贴的门神和新钉的桃板，长出一口气，满意地笑了。

好了，让这个男子歇一会儿，我来给大伙解释一下他刚才究竟在做什么。

贴门神，贴春联，大家都懂，不必解释，即使到了现在的大年初一，很多朋友仍然会这么做。可是我们绝对不会疯到在门外挖坑，往坑里埋蛇，对不对？

其实这个宋朝人埋的不是真蛇，而是用面团捏的假蛇。他埋的鸡蛋倒是真鸡蛋，豆子也是真豆子，只不过，都是煮熟的。他把这些东西埋起来的时候，口中念叨的是这么几句话：

蛇行则病行，黑豆生则病行，鸡子生则病行。

等这条假蛇从土里爬出来的那一天，等这把豆子从地里长出来的那一天，等这颗鸡蛋孵出小鸡的那一天，我们全家才会生病。

要知道，那蛇可是假蛇，那豆子可是熟豆，那鸡蛋可是熟鸡蛋。假蛇会爬吗？不会。熟豆会长吗？不会。熟鸡蛋会孵出小鸡吗？不会。当这些不可能发生的事情都发生的时候才会生病，意思就是一年到头永远不会生病。

这就是宋朝人在大年初一那天进行的祷告和祝福，方法非常奇特，过程相当好玩。

这样做是为了祛病。往门窗上插柳枝，在大门口钉桃木，以及贴门神什么的，则是为了驱鬼。您知道，在中国道教文化和传统巫术当中，柳枝和桃木都是可以打鬼的，要不然茅山道士干吗要用桃木剑对付鬼怪和僵尸呢？

一左一右钉在大门口的那对桃木楔，就是传说中的“桃符”。王安石诗云：“千门万户曈曈日，总把新桃换旧符。”写的其实就是这种桃木楔，上面通常各写“神荼”和“郁垒”，那是中国古代神话传说中擅长捉鬼的一对半神兄弟。很多学者不懂宋朝风俗，将桃符理解成春联，还堂而皇之地将这种错误理解写在教材里，真是误人子弟。

有的朋友可能会问：“你怎么知道桃符不是贴在门上的春联，而是钉在地上的桃木楔子呢？”

我有两个凭据。

第一，北宋书籍《岁时杂记》有载：

今人以桃符径寸许，长七八寸，中分之，左书神荼，右书郁垒，岁旦插于门左右而钉之。

现代人（指宋朝人）制作桃符，宽一寸，长七八寸，纵剖两半，左写神荼，右写郁垒，正月初一那天，分别钉在大门左右。

第二，苏东坡写过一篇寓言，名《桃符艾人语》，全文甚短，抄录如下：

桃符仰骂艾人曰：“尔何草芥而辄居吾上？”艾人俯谓桃符曰：“尔已半截入土，安敢更与吾较高下乎？”门神傍笑而解之曰：“尔辈方且傍人门户，更可争闲气耶？”

“艾人”是用艾草捆扎的假人，端午那天插到门上，用来祛病辟邪。艾人在上面，桃符在下面，它们吵了起来。桃符抬头看着艾人骂道：“你这个草扎的贱货，凭什么在我头上？”艾人低头看看桃符，说：“你这个半截入土的老家伙，怎么敢跟我争高下？”门神见它们吵得厉害，在旁边劝解道：“你们不都是傍人门户吗？地位都差不多，何必争这种闲气！”

你看，桃符在下，且“半截入土”，宋朝桃符的形制跃然纸上，怎么可能会是贴在门上的春联呢？

宋朝的春联和门神

搞清楚了桃符，再看看宋朝的春联。

宋朝春联其实有两种，一种是纸质的，一种是木质的。木质的春联也用桃木来做，两块长长的桃木板，刮光，在上面写字或者刻字，一左一右钉在门框上，第二年春节再取下来，钉上新的。

咱们中国的老传统，春联都有横批，横批要贴在门楣上。现在贴春联，横批都是四个字，或“春光满院”，或“春回大地”，或“吉祥如意”，或“万事如意”，内容五花八门，反正都是吉祥话。宋朝的横批当然也是四个字，但内容却是千篇一律：“顺天行化”。

顺天，意思是顺应上天，不跟老天爷闹别扭。行化，意思是行事地道，符合教化。“顺天行化”这四个字，表达了宋朝人对上天的敬畏和对自己的承诺，希望上天见到这个横批，一年到头不找麻烦，风调雨顺，四季平安，不给人间降瘟疫。

这个横批，在宋朝叫“天行帖儿”，又叫“天行帖子”，它是宋朝春联的一大特色，现在早已失传。

春联要贴在门框和门楣上，门神则贴在门扇正中间，宋朝的门神长什么样子呢？

宋朝门神以武将居多，例如秦琼、敬德、关羽、张飞、卫青、马援……这些在中国历史上声威赫赫的名将，统统被雕版印刷，制成门神，贴到大门上。据岳飞的孙子岳珂介绍，在宋孝宗为死去的岳飞平反昭雪以后，岳飞也成了南宋民间最流行的门神之一。

还有一种门神，画的是钟馗的肖像。我们知道，钟馗是一名法力高强的神仙，传说成神之前是唐朝书生，因为奸臣当道，考进士时金榜落第，一怒之下撞死在金殿上，然后就被封为神仙，负责斩妖除魔，其法力要远远超过那些历史上的武将。所以宋朝人也把钟馗做成了门神，甚至还把钟馗的妹妹画到了门神像里，俗称“钟馗小妹”。

钟馗小妹名叫钟花，死后也成了神仙。钟馗擅长捉鬼，钟花则喜欢吃鬼，将小鬼当零食，一天能吃几十只，把她的画像贴到门上，自然也能挡住邪祟：小鬼想进门害人，刚走到大门口，抬头瞧见钟馗小妹，哎呀妈呀，这个煞神怎么在这儿？千万别被她一口吃了，赶紧逃吧！

南宋玉鹿，现藏台北故宫博物院

无论是武将门神，还是钟馗兄妹门神，都属于防御型门神，寓意都是驱鬼避邪，保护人类。宋朝还有一种门神，不为防御，只为讨个好彩头，例如，宋人笔记中常常提到的“财门钝驴”和“回头鹿马”，就属于这种。

财门钝驴是一头驮着两大筐干柴的胖驴。因为胖，所以迟钝，故名“钝驴”。又因为这头钝驴驮着干柴，“柴”谐音“财”，故名“财门钝驴”。过年的时候在大门上贴一张财门钝驴，寓意来年发大财。

回头鹿马是一只扭头回望的鹿。“鹿”谐音“禄”，把这只鹿贴到大门上，寓意禄神照命，孩子长大能做官。

时至今日，财门钝驴和回头鹿马均已失传，我们现代人更喜欢那种画着胖娃娃抱金鱼的年画，寓意年年有余。画虽不同，讨取吉利的意图跟宋朝是一样的。

咱们现代人贴春联贴门神，要么在腊月二十九，要么在腊月三十，近年来还能见到一些急性子的朋友，在腊月二十八之前就把门神给贴上了。在传统文化中，贴门神也是要讲究好日子和好时辰的，五行缺水的人应该选择水日，五行喜火的人应该选择火日。如今还有人将贴门神的时间跟星座挂上钩，白羊座适合什么时辰，射手座适合什么时辰，

（宋）佚名《寿鹿图》，现藏台北故宫博物院

都有一番学问。估计再过几年，兴许会有人一入腊月就开始贴门神，不为别的，就为迎合自己的八字和星座。

宋朝人并非不信命，事实上，宋朝是八字推命刚刚盛行的朝代（此前的朝代只流行六字推命，即只用年月日排盘，不考虑时辰），痴迷此道的士大夫多如过江之鲫。范仲淹、欧阳修、沈括、王安石等学问渊博之士，都对推命之学深信不疑。不过当时还没有发展到把门神跟命盘扯到一处，无论是水命人还是火命人，都不约而同地选择在大年初一那天早晨更换门神。

门神之所以诞生，最初是为了驱鬼，不让各种神怪闯进家门。所谓“各种神怪”，不仅仅限于恶鬼，也包括家中的百神，甚至还包括祖先的鬼魂。如果像我们现在这样，春节之前就贴上门神，恶鬼进不来了，祖先也进不来了。您把祖先挡在门外，除夕祭祖不等于白祭了吗？供桌上摆满了香烛、春盘和馎饦，就为了让祖先享用，祖先正要进门，却被秦琼、敬德、神荼、郁垒以及捉鬼的钟馗和吃鬼的钟馗小妹吓得连连倒退，扭头就跑，这不等于捉弄祖先吗？

宋朝人懂得这个道理，所以他们选在大年初一贴门神，那时候祖先已经享用完了供品，赶紧把门神贴上，挡住外面的恶鬼。

当然，祖先的鬼魂是不存在的，可是既然我们郑重其事地祭祀，就应该做到“祭神如神在”。从这一点上说，宋朝人比我们懂规矩。

把春节过成万圣节

陆游诗云：

扶持又度改年时，耄齿侵寻敢自期。

中夕祭余分馎饦，黎明人起换钟馗。

新的一年又到了，陆游的年纪也越来越大了，除夕祭祀祖宗，和家人一起吃馎饦。第二天，也就是大年初一，早早地起床，把门神贴上。

大年夜吃馎饦，馎饦是什么东西呢？后文讲到年夜饭时，会详细介绍。在这个小节里，我们先研究研究为什么要“犁明人起换钟馗”。

中国古代木版设色年画《神荼郁垒》，现藏日本早稻田大学图书馆

“钟馗”代指门神。大年初一，天刚蒙蒙亮，就爬起来贴门神，连个懒觉都不能睡，为什么？

两条原因。

第一，为了把恶鬼挡在门外。前面说过，无论是画着武将的门神，还是画着神仙的门神，理论上都能驱鬼，鬼想进门捣蛋，刚走到大门口，就看见威风凛凛的两尊门神，肯定吓得抱头鼠窜。

第二，为了把穷鬼挡在门外。

所谓穷鬼，就是乞丐。大年初一那天早上，如果门神贴晚了，这些乞丐会扮成鬼，到你家里要钱。

假设您是一个宋朝人，一觉睡到大年初一，早晨起来出门上街，忘了贴门神。那么在您打开您家的大门之前，建议您一定要做好充分的思想准备，以免被吓昏过去。

开个门而已，怎么会被吓昏呢？原因很简单，当您刚刚打开那扇门的时候，门口很可能突然冒出来几个乞丐，化了装，戴了面具，青面獠牙，血盆大口，尖叫着向您猛扑过来。

这时候您千万不要怕，最好从腰包里摸出一把铜钱，朝那些乞丐撒过去。常言说得好，“有钱能使鬼推磨”，您只要掏钱，鬼就会撤；您如果不掏钱，鬼会一直缠着您，堵在您的家门口，不让您离开。掏过钱，赶紧把门神贴上，其他乞丐再经过时，就不会再来讨钱了，这是他们的职业规矩。

《梦粱录》记载：

街市有贫丐者，三五人为一队，装神鬼判官钟馗小妹等形，敲锣击鼓，沿门乞钱，谓之“打夜胡”。

“打夜胡”是宋朝方言，又名“打野呵”，本义是指流动艺人沿街串戏，没有固定的演出场地，靠过往观众赏钱度日。乞丐并非艺人，但是作为职业乞丐，身上都有绝活儿，有的会翻跟头，有的会拉胡琴，有的会唱莲花落，有的会戴上面具扮鬼吓人。平日里要是靠扮鬼吓人讨钱，只能挨一顿打，可是到了大年初一，却能为街坊讨吉利——街坊出钱让他们离开，就等于真正的恶鬼被赶走了，就可以平平安安过大年了。

《梦粱录》又写道：

禁中除夜，呈大驱傩仪，并系皇城事诸班直，戴面具，着绣画杂色衣装，手执金枪、银戟、画木刀剑、五色龙凤、五色旗帜，以教乐所伶工装将军、符使、判官、钟馗、六丁、六甲、神兵、五方鬼使、灶君、土地、门户、神尉等神，自禁中动鼓吹，驱祟出东华门外，转龙池湾，谓之“埋祟”而散。

大年初一头天晚上，民间小孩正在守岁的时候，从皇宫里浩浩荡荡开出来一队神鬼。这批神鬼由御林军和教坊司艺人装扮，可比初一早晨扮鬼讨钱的那些乞丐专业多了。他们除了戴面具，还化了彩妆，身上穿着戏服，手里还拿着兵器和彩旗，有扮天兵的，有扮天将的，有扮判官的，有扮阎罗的，有扮灶君的，有扮土地的，有扮钟馗的，有扮小鬼的，脸上五颜六色，旗帜五彩缤纷，仿佛百神聚会，又像群魔乱舞。

在一阵鼓吹声中，这队人马出了皇宫，绕城游行。假如我们在除夕来到宋朝京城，看见迎面走来无数神鬼，真有可能以为选错了时间，没赶上春节，却赶上了万圣节。

从民俗学的角度讲，无论是新年早晨的乞丐扮鬼，还是除夕夜里的神鬼游行，其实都是上古傩戏的遗风。什么是傩戏？就是用人扮鬼，演一场驱鬼的闹剧，以此来恐吓真正的鬼。

让小孩长高，把懵懂卖掉

前文说，正月初一凌晨，离天亮还有两个小时的时候，一些宋朝人会在门外刨坑，埋入面蛇、豆子和鸡蛋。

离天亮还有两个小时，那正是五更时分。我们知道，古人将一夜分成五段，每段称为一更，每更大约两个小时。天黑以后，头两个小时是一更，再两个小时是二更，再两个小时是三更，再两个小时是四更，等到进入五更，离天亮就剩差不多两个小时了。

在正月初一那天，五更那两个小时非常重要，除了刨坑埋东西、插柳枝、插桃符、贴门神，竟然还能让孩子长高。

《岁时杂记》记载：

小儿生太短者，元日五鼓就厕旁偃卧，从足倒曳跬步许。太长者，则以木锨拍其头。

小孩长得太矮，比同龄人发育晚，怎么办？好办。正月初一五更时分，让孩子躺在厕所旁边，攥住他的脚，在地上拖动一两步，等过了春节，这孩子的个头就会嗖嗖地往上蹿，跟吃了仙丹一样。

假如小孩长得太高，不想让他继续长呢？也有办法，还是正月初一五更时分，用木锨去拍孩子脑袋。当然，拍的时候不能太用力，万一把孩子打出毛病，罪过可就大了。

假如孩子的脑子笨，有没有办法让他变聪明呢？《岁时杂记》里同样有秘诀：

元日五更初，猛呼他人，他人应之，即告之曰："卖与尔蒙懂！"卖口吃亦然。

还是正月初一，刚到五更那会儿，让这个笨孩子大声跟别人打招呼，别人如果答应，这孩子马上喊道："我把懵懂卖给你了！"懵懂就是糊涂，糊涂就是笨，据说这样一来，笨孩子就成了聪明孩子，就像真把愚笨卖给别人了一样。

如果孩子口吃，也用同样的方法，先跟人打招呼，别人一答应，这边就说：“我……我把……我把口吃……卖……卖……卖给你了！”想想这个画面，挺好玩的。

我估计，宋朝人也未必真的相信这些，大年初一起个大早，搞搞这些小游戏，讨个吉利，凑个热闹，好玩的成分更多一些。

当然，也有一些特别迷信的家伙，试图通过新年来预见一整年。

据《岁时广记》第五卷记载，正月初一那天，家里如果养牛的话，去牛棚里看看，如果牛都站着，预示这一年会大丰收；如果牛都卧着，预示田里长满杂草，收成很坏；如果牛有站有卧，那么这一年的收成不好也不坏，是个平常年。

（宋）李嵩《丰年民乐图》（局部），现藏台北故宫博物院

还有一种占卜方法，见于《岁时广记》第一卷，通过正月里头几天的天气来占卜这一年的收成：

正月朔雨，春旱，人食一升；二日雨，人食二升；三日雨，人食三升；四日雨，人食四升；五日雨，主大熟；五日内雾，谷伤民饥；元日雾，岁必饥。

正月初一下雨则春旱，每人每天只能分到一升口粮；正月初二下雨，每人每天可以分到二升口粮；初三下雨，三升口粮；初四下雨，四升口粮；初五下雨，五升口粮。五升就是半斗，正常人根本吃不完，说明这年大丰收。假如从初一到初五有雾天，则田里庄稼歉收，百姓填不饱肚子；假如初一那天就是雾天，这年必定是荒年，大伙就等着挨饿吧！

俗话说：一年之计在于春，一天之计在于晨。这句俗语用来说明，一年的开始很重要，一天的开始很关键，必须起一个好头儿，然后才能顺风顺水。但是在迷信的宋朝人心目中，一年之计全在新年伊始，新年下一场雨，起一场雾，包括牲畜在新年是站还是卧，都会影响到整整一年的生存境况，这使得宋朝新年在一派热闹祥和中散发出浓浓的巫术味道。

这股巫术的味道甚至还能在宋朝人的头顶上闻到。

《岁时杂记》上说：

元旦以鸦青纸或青绢，剪四十九幡，围一大幡，或以家长年龄戴之，或贴于门楣。

大年初一那天，用青绿色的纸张或者丝绸，裁成四十九根长条，编成一副大彩，悬挂在门楣上。或者根据户主的年龄，户主四十岁就裁四十根，户主五十岁就裁五十根，编成大彩，让户主戴到头顶上。

《岁时广记》上说：“正月一日造华胜以相遗。”人们用纸张或者丝绸剪裁出巨大的花饰，正月初一那天送给亲友，让他们戴到头上。苏东坡有诗：“萧索东风两鬓华，年年幡胜剪宫花。”东坡迈入老年，两鬓斑白，每年春节，依然头戴华胜，把脑袋装扮得花枝招展。

又据《梦粱录》记载，南宋过年时，皇帝会赐给大臣华胜，用丝绸和金银丝制成，工艺精巧，造型多样，既有各式花朵造型，又有蝴蝶、飞蛾、燕子、雄鸡等动物造型。初一那天，群臣进宫向皇帝拜年，都戴着新赐的华胜，四方步一迈，金银丝乱颤，头顶上的“蝴蝶”“飞蛾”和“燕子”扑棱棱舞动双翅，仿佛要飞起来的样子。

戴这些华胜有什么用呢？除了美观喜庆，也有消灾避祸的意图在里面。华胜的华，指样式华美；华胜的胜，是克敌制胜。克什么敌？不是契丹、女真、党项，而是疾病、灾祸、鬼怪。

现代泥塑再现宋朝小贩挑担叫卖场景，拍摄于河北唐山麻龙湾《清明上河图》泥塑园

过年不吃饺子，吃馎饦

如今北方人过年一般要吃饺子，南方人过年一般要吃汤圆，宋朝人过年吃什么呢？

吃馎饦。

陆游不是在诗里写过吗？“中夕祭余分馎饦。”大年夜祭祖，然后吃团圆饭，吃什么？吃馎饦。

馎饦其实是很简单的面食，本来由北方游牧民族发明创造，在魏晋南北朝时期传入中原。它最初的做法是这样的：用清水和面，不加酵粉，将面团揉光以后，搓成条状，再掐成半指长的小面段，然后将小面段放入掌心，用另一手的大拇指由近及远这么一搓，将厚厚的面段搓薄，搓成两头翘、中间凹的小笆斗或者两头尖、中间扁的柳叶舟，放在菜羹里煮熟。

进入宋朝，手擀面日益流行（擀面杖早在先秦就已被发明出来，但一直用于做饼，以擀切方式做面的习惯是直到北宋才出现的），手搓而成的原始面食馎饦眼见不是对手，渐渐退出历史舞台，但是宋朝人出于语言上的强大惯性，继续将手擀面称为馎饦。

也就是说，宋朝的馎饦其实就是面条，用菜羹或肉羹煮熟的面条。这种面食做法简易，无须过水，无须打卤，无须浇头，无须菜码，一把面条放入沸腾的羹汤中，一会儿就煮熟了，盛出来就可以吃。在南宋中叶，上述做法传入日本，所以日本人也把用羹汤煮熟的面条叫作馎饦。

当然，过年不能光吃馎饦，还得吃其他东西。宋朝春节的餐桌跟现在一样，也是杯盘堆集，荤素俱全，其中比较有特色的食物，一为“五辛盘”，一为“百事吉”。

将韭菜、芸薹、芫荽洗净，撕开，不切断，在盘子里摆出好看的造型，然后再拌以腊八当天腌渍的大蒜和藠头，最后在这堆蔬菜的中间插一根线香，线香顶端粘一朵纸花即可。因为这盘菜共含五种蔬菜，而且这五种蔬菜气味辛辣，所以以“五辛”为名。

五辛盘在隋唐时期颇为流行，唐朝人除夕祭祖，供桌上必放五辛盘。祭祀之后，拔掉盘子中间的线香和纸花，转移到年夜饭的餐桌上，全家人一起分享，据说可以祛病，能保来年百病不生。

宋朝生产力相对进步，食物相对丰富，祭祖的春盘不只五辛，也有腊肉和其他蔬菜。宋朝人喜欢用萝卜和生菜来制作春盘：萝卜去皮切丝，生菜撕成长段，一同摆放到盘子里，绿白分明，煞是好看，再插上纸花和绸花，更有一股喜庆气氛。

除了五辛、萝卜和生菜，别的蔬菜也可以用来制作春盘。苏东坡有诗云：“渐觉东风料峭寒，青蒿黄韭试春盘。”这是用青蒿做春盘。青蒿是一种野菜，叶片青绿细碎，味道清爽微甜，有清肝明目之功效，俗名“茵陈”。

还有用猪肉和主食制作五辛盘的。例如《岁时广记》记载，宋朝宫廷厨师将腊肉蒸熟，切成细丝，在盘中摆出花型；或将油饼、馓子、麻花、馒头摆入大盘，垒出金字塔形状，中间插以金银丝扎成的花朵。

“百事吉”是宋朝人过年时在餐桌上摆放的一种利市，这种利市是这样的：将柿子、橘子和柏枝放到同一个盘子里，先将柏枝折断，再依次掰开柿子和橘子，是为“柏柿橘”，寓意“百事吉”。

但是古代的水果保鲜技术相对落后，在寒冷的北方，柿子和橘子未必总能买到，于是聪明的市井小贩又在过年时推出“百事吉结子”：在绸布上绣柏枝、柿子、橘子，打成中国结，卖给老百姓。到了吃年夜饭的时候，全家人一起解开这个结子，再挂到房梁上，也能获得“百事吉”的好彩头。

初一到初七，鸡日到人日

南宋状元王十朋写过一首《人日喜晴》：

元日至人日，幸无阴晦时。
因思董勋问，却异少陵诗。
遥想水披冻，坐看梅满枝。
明朝如得雨，正与谷相宜。

（宋）佚名《山羊图》，现藏台北故宫博物院

从元日到人日，天天都是好天气，王十朋想起董勋的提问，又写了一首与杜甫有区别的小诗。遥想远处河水结冰，坐看近处梅花满枝，明天要是能下点儿小雨，那绝对是庄稼的福气。

何谓“元日”？正月初一。何谓“人日”？正月初七。

魏晋文人董勋写过一篇《问礼俗》，将正月里的头七天分别定为鸡日、狗日、猪日、羊日、牛日、马日、人日。也就是说，初一对应鸡，初二对应狗，初三对应猪，初四对应羊，初五对应牛，初六对应马，初七对应人。这七天当中，如果哪天是坏天气，就预示着哪天对应的动物在这新的一年里会倒大霉。

唐朝诗人杜甫则写过一首《人日》："元日到人日，未有不阴时。冰雪莺难至，春寒花较迟。"初一到初七一直是阴天，气温没有回升，遍地冰雪，鸟儿不来，花儿不开，搞得杜甫心情郁闷。

王十朋是状元，当然有学问，既读过董勋的《问礼俗》，也读过杜甫的《人日》，所以他在自己的诗里分别引用了这两个典故。"因思董勋问"，因此想起董勋的《问礼俗》；"却异少陵诗"，他写诗时的天气跟杜甫写诗时不一样，杜甫那时候天天阴天，他这时候天天晴天，所以杜甫很郁闷，他很开心。

比王十朋稍晚，又有一个南宋文学家洪迈，他的著作《容斋三笔》也提到鸡日、狗日、人日之类的说法。洪迈还补充道："七为人，八为谷。谓其日晴，则所主之物育，阴则灾……八日为谷所系，尤重。"初七是人日，初八是谷日。从初一到初七，哪天的天气晴好，哪天对应的动物就能快乐地繁育；哪天的天气阴晦，哪天对应的动物就会面临灾害。初八对应农业作物，农业是人民得以活命的根本，所以这天的天气尤其重要。初八天气好，农业收成就好；初八天气坏，农业收成就坏。

不过就农业而言，天气好坏可不是只看阴晴那么简单。晴朗而干旱，对庄稼就不好；阴雨而洪涝，对庄稼也不好。比较理想的天气，是晴而不旱，雨而不涝，春雨如织，细雨如丝，"随风潜入夜，润物细无声"，哪年正月初八要是恰好能碰上这种天气，农民伯伯就偷着乐吧！

所以王十朋最后两句诗写道："明朝如得雨，正与谷相宜。"头七天一直晴，很好；初八要是能再下点儿雨，岂不更好？岂不预示着一年的好收成吗？

当然，我们现在都知道，什么鸡日、狗日、人日、谷日，都是迷信。可是宋朝人信啊，按《岁时广记》第九卷记载：大年初一那天，人们“画鸡于门”——初一是鸡日嘛，所以在门上画鸡；正月初七那天，人们“镂人户上”——初七是人日，所以在窗户上刻小人儿。

初六送穷

唐宪宗元和六年（公元811年）春节，大文学家韩愈写了一篇《送穷文》，大意如下：

正月晦日这天，我（韩愈）让奴仆送穷，吩咐他们用柳枝编马车，用稻草扎小船，并往车厢和船舱里准备干粮。一切准备停当，我向穷鬼作了三个揖，说：“已经给您准备了一辆车、一艘船、一碗饭、一杯酒，您吃好喝好，赶紧上路吧。”

我刚说完这句话，忽然从外面刮来一阵狂风，刮得鸡飞狗跳、天昏地暗，空中似乎还隐隐传来鬼哭狼嚎的声音，使我浑身的汗毛直竖起来。这阵风过后，我眼前那个用泥土塑成的穷鬼忽然说话了：“哥们儿，干吗赶我走呢？你难道不知道我陪伴你四十多年了吗？自从你来到这个世上那天起，我就一直跟着你。你走路时，我在你身边；你读书时，我在你身边；你下种田地，我在你身边；你进京求官，我在你身边；你们家的灶君赶我走，我在你身边；你们家的门神赶我走，我还在你身边。我陪了你这么久，跟你的感情比任何人都要深厚，任何人都拆散不了我们，任何神都别想让我离开。我是你最忠实的奴仆，是你最亲密的伙伴，你怎么舍得赶我走呢？”

我听穷鬼讲完这一大堆甜言蜜语，并没有中计。我指着穷鬼的鼻子，声色俱厉地喝道：“别以为我傻，我早就识破你们这些穷鬼的真面目了！你们有的是智穷鬼，让人忠厚老实；有的是学穷鬼，让人清高自负；有的是文穷鬼，让人写不出歌功颂德的马屁文章；有的是命穷鬼，让人吃亏在前，享乐在后，好事轮不到，坏事自己扛；有的是交穷鬼，让人处处碰壁，饱受奸诈小人的欺侮与陷害。

总而言之，你们这些穷鬼没一个好的，你们无论跟着谁，谁都会倒一辈子霉，永远受穷受气，一辈子过不上好日子。”

面对我的斥骂，穷鬼非但不生气，还鼓掌大笑，笑得前仰后合，一副很开心很自豪的样子。然后他又以大人教训小孩的口气跟我说：“小韩啊小韩，我本来以为你很聪明，哪知道你竟这么笨！你刚才讲的那些都没错，我们穷鬼确实能让人忠厚老实、性情耿直、难以飞黄腾达、只能到处碰壁，可是你不觉得这样挺可贵吗？我们跟你一生，你一生都是君子；我们不跟你，你很快就会变成小人。你说到底是富贵的小人更可贵呢，还是清贫的君子更可贵？”

我思索了好一阵子，最后只能垂头丧气地向穷鬼道歉：“我错了，再也不赶你走了。”于是穷鬼又得意地附到了我身上。

很明显，韩愈这篇文章的重心并不是送穷，而是讽刺社会的不公：在善恶颠倒的专制社会里，一个人要想有钱，那就要丢掉良知，去当混蛋；而要想保持良心呢，那就只能安安生生做一个穷光蛋了。

不过我们也可以从他的文章里看出一些社会习俗来：第一，唐朝流行在春节期间送穷；第二，送穷的日期是正月晦日；第三，送穷需要道具，主要是柳枝编成的马车和稻草扎成的小船，用于穷鬼乘坐。

正月晦日送穷的习俗在唐人诗句里也有反映。如姚合《晦日送穷》：“年年到此日，沥酒拜街中。万户千门看，无人不送穷。”到了正月晦日那天，家家户户都送穷。再如李郢《正月晦日书事》：“诗书奴婢晨占鹏，盐米妻儿夜送穷。”送穷的具体时间是正月晦日那天夜里。

何谓“正月晦日”？正月的最后一天是也。农历月份有大有小，大月三十天，小月二十九天，所以唐朝人一般是在正月三十或者正月二十九送穷。

晚唐画家陈惟岳绘有《送穷图》，原图已经找不着了，宋朝文人董逌在其《广川画跋》中描述过这幅图：“其画穷女，形露猥涹，作伶仃态，束刍人立，曳薪船行……”图上画的穷鬼是女性装扮，身形极瘦，皮包骨头，穿得破破烂烂，腰间束一根草绳，身后拖着一艘运送干柴的小木船。这说明至少在晚唐时期，人们心目中的穷鬼就是长这个样子。

已故国学大家章太炎先生的老师俞曲园早年编订《茶香室三抄》，收录了宋朝无名氏《临江仙》一阕：

正月月夕尽，芭蕉船一只。灯盏两只明辉，辉内里更有筵席。奉劝郎君小娘子，饱吃莫形迹。每年只有今日，日愿我来称意。奉劝郎君小娘子，空去送穷鬼，空去送穷鬼。

这是一阕描写宋朝送穷情形的词，词意简单明了：在正月最后一天的夜里，人们用芭蕉叶做小船，船上燃灯，灯下设宴，将穷鬼放在船上，送其远去。

“郎君小娘子”是对穷鬼的称呼，说明穷鬼在宋朝人心目中的形象可能不再是单身女子，而是一对年纪很轻的夫妇了。

三里不同俗，十里不同风，两宋延续三百年，疆域跨越几千里，习俗不可能完全一样。据金盈之《新编醉翁谈录》，北宋开封流行在正月初六那天送穷：

初六日……扫聚粪帚，人未行时，以煎饼七枚覆其上，弃之通衢以送穷。

初六凌晨，大多数人还没出门的时候，从院子里的垃圾堆上铲起一铲子粪秽之物，用七张小煎饼盖在上面，走到大街上，往地上一倒，扭头回家，送穷的仪式就结束了。

看来北宋开封人将送穷仪式简化到了极致，一不用编马车，二不用扎小船，三不用为穷鬼塑像，四不用为穷鬼备办宴席，一铲粪土就是穷鬼的化身，七张煎饼就是穷鬼的祭礼。

祭礼简化是好事，省钱省时又省力，但是将家里的粪土铲到街上去，却破坏公共卫生，有悖公序良俗，绝对不值得提倡。

另外，如此送穷也涉嫌浪费粮食。中国古人祭祀，无论是祭神还是祭祖，祭后都会“散福”，也就是将供品分掉，大家分而食之，并不浪费。可是像北宋开封这样，七张煎饼覆盖于粪土之上，再丢弃于大街正中，肯定无法散福，即使是沿街讨食的乞丐见了它们，也不太可能回收利用的——毕竟太脏了嘛！

初七探茧

金盈之《新编醉翁谈录》又载：

人日，正月初七日也。造面茧，以肉或素馅，其实厚皮馒头，酸馅也。馅中置纸签，或削作木，书官品，人自探取，以卜异时官之高下。

正月初七，宋朝人以面茧为主食。面茧有包肉馅的，也有包素馅的，其实就是厚皮包子，通常叫作“酸馅”。包酸馅时，包进去一张小纸条或者一块小木牌，上写官衔。酸馅蒸熟了，分给小孩子吃，小孩子一口咬下去，把牙硌了，掰开一瞧，是一块小木牌，上面刻着四个字：“户部尚书”。爸爸妈妈大喜：“好小子，有福气，长大了能当户部尚书！”

酸馅是面茧的一种。

何谓“面茧”？两头尖尖，中间略鼓，底下平平，顶端有棱，是一种形态古怪的厚皮包子。

南宋诗人范成大描写过面茧的造型：

两头纤纤探官茧，半白半黑鹤鹭缘。

腷腷膊膊上帖箭，磊磊落落封侯面。

“两头纤纤探官茧”，说明面茧两头尖尖、中间略鼓，是一种长包子。为何管这种包子叫“面茧”呢？因为它的样子像蚕茧。

现在河南农村仍然有那种好似蚕茧一样的长包子，做法极其简单：将半发酵的面团掐成小团，一一拍扁，擀成圆圆的、跟手掌差不多大的面皮，托在手中，放上馅儿，将两条弧边对折、合拢、捏紧，再让面皮继续发酵，待包子发得圆鼓鼓的，上笼蒸熟。坦白说，整个过程极像包饺子，只不过饺子用死面，不用发面，一般煮熟，不是蒸熟，而且皮儿也没这么厚，更没这么大罢了。

在今日河南，老百姓管这种包子叫“角子”，它两头尖尖，有两个角，故此得名。事实上宋朝人有时候也管它叫角子，南宋夜市上有一种“水精角儿”，就是用烫面做皮的半透明状的长包子，因为它半透明，能看见里面的馅料，好像水晶，所以叫水精角儿。一部分研究宋朝饮食的朋友不明真相，望音生义，误以为水精角儿就是水晶饺子，进而下结论说宋朝人就管饺子叫角子，实在是大错特错。宋朝当然有饺子，可宋朝人只称其为“馄饨”。宋朝当然也有馄饨，可宋朝人却称其为“餶飿”。两宋三百年，“饺子”一词从未诞生。

简言之，角子即面茧，而面茧却不完全等于酸馅。酸馅的外形虽然可以断定是两头尖尖的长包子，但未必所有的长包子都是酸馅，只有包了酸馅，它才得以成为酸馅。

照咱们现代人的常识，包子馅儿可荤可素，可咸可甜，唯独不应该酸，如果馅儿都酸了，那说明包子坏了，没有人会吃。可是我们不能用今人之心度古人之腹，我们不爱吃酸馅，不代表宋朝人不爱吃。

宋朝有一种饮料叫“浆水”，其实是发酵过后的米汤，再加点儿糖，回锅热一热。米汤稍作发酵，味道是酸的，酸中带些甜，并且略有酒味，加糖回锅，口感甚佳。现在中国当然不流行这种饮料，可是在韩国却很流行，不知道是不是继承了宋朝的遗风。

宋朝有一种米饭叫“水饭”，它跟今日东北农村的过水米饭完全不同，是用熟米和半发酵米汤搭配而成的稀粥，味道同样是酸的，酸中略微带些甜。

宋朝人加工包子馅儿，一样可以将馅料发酵一下，使其形成独特的酸味儿，然后再包成那种两头尖尖的长包子，这才是真正的酸馅。

为了验证发酵后的馅料能不能食用，我曾经用泡发的腐竹、去蒂的木耳、洗净切丝的小白菜做了一盆包子馅儿，撒上佐料，腌半小时，再用保鲜膜密封，常温下搁置一天一夜，第二天打开，酸气扑鼻，然后用这种酸馅儿包了一锅长包子。您猜怎么着？蒸出的包子鼓鼓的，口感更加松软，馅料更加爽口，连吃了四顿，也没有拉肚子。

金盈之《新编醉翁谈录》写得明白，酸馅的馅料或荤或素，我为啥只用蔬菜做实验，而没用肉馅呢？主要是因为肉比较贵，实验成本比较高，万一发酵失败，我会挨老婆的骂；其次，在宋人诗话中，酸馅这种食品是寺庙的常餐，以至于苏东坡在讽刺和尚诗歌的时候，会说“有酸馅气”。和尚大多食素，所以酸馅必然也是以素馅为主的。

前面说过，正月初七包酸馅的时候，宋朝人会包入纸条或者小木牌，纸条或木牌上写着官衔。当然，大多数酸馅里面是没有纸条或木牌的，鉴于其中的运气成分很高，所以正月初七吃酸馅又叫“探酸馅”，别名“探茧”。

我记得小时候，北方人过年包饺子，常常包进去一些硬币，如果哪个小孩能吃到包了硬币的饺子，就会开心得跳起来：“妈妈妈妈，我吃到钱了，我将来会很有钱！”其场景及寓意跟宋人在正月初七探茧是非常相近的。

但是从安全角度考虑，今人往饺子里包硬币远不如宋人往酸馅里包木牌。您想啊，硬币很小，万一小孩子吃得急，一口吞下肚去，那可就惨了；而木牌要大得多，甭说小孩，大人也不可能一口吞下肚，探茧的时候最多硌了牙，没有大碍。

打春牛和抢春牛

（清）黄钺《土牛鞭春图》，
现藏台北故宫博物院

最近一千多年来，中国历法一直将新年第一天作为一年的开端，无论农历还是公历，都是这样子。可是，按照传统文化，无论是公历的1月1日，还是农历的正月初一，都不能算是一年的开端，一年真正的开端应该是立春。

立春是节气，二十四节气当中的第一个节气，这个节气出现在公历的2月上旬，相当于农历的正月上旬或者腊月下旬，有时候会比农历春节早，有时候会比农历春节晚。

比如说，2010年立春是上一年的腊月二十一，比春节来得早；2011年立春是这一年的正月初二，比春节来得晚；2012年立春是这一年的正月十三，比春节更晚；2013年立春是上一年的腊月二十四，比春节要早；2014年立春是这一年的正月初五，又比春节来得晚……

前面啰里啰唆一大堆，又是公历又是农历，我估计大家早听烦了，下面介绍一些不太枯燥的风俗。

北宋时期，每年立春前五天，各府各州各县的衙门都要请来工匠，塑造一头巨大的土牛、一个赶牛的农夫、一套农具。这些全是泥塑，外面还要涂抹颜料，尽可能让它们看起来逼真一些。

那头土牛要涂四彩。哪四彩？红、黑、青、白。四彩分属四方：红属火，在南方；黑属水，在北方；青属木，在东方；白属金，在西方。四种颜色分别涂抹在牛头、牛尾、牛腹、牛腿之上。具体在哪个部位涂哪种颜色，取决于土牛摆放的方位。

比如说，土牛做好，绳捆木抬，运到县衙正门外面的空地上，头朝东或者朝西放着。假如牛头朝东，则牛头涂青，牛尾涂白。假如牛头朝西，则牛头涂白，牛尾涂青。不管牛头朝东还是朝西，牛肚子南侧都涂红，北侧都涂黑。另外，地方官还会根据牛头朝向的位置，再设一个祭祀农业之神的先农坛。

立春那天黎明，地方长官率领属下从衙门出来，在先农坛前叩头祭祀，请农神保佑当地四季平安，五谷丰登。然后，长官拿起一根用彩色丝线缠裹得花花绿绿的木杖，绕着土牛走一圈，用木杖在牛屁股上连打三下，寓意是赶牛下地，催牛耕田，这叫“打春牛”。

长官打完春牛，带属下回衙，这时候旁边已经围满了看热闹的市民和专门进城观礼的农民，里三层外三层，黑压压望不到边。这些老百姓见官吏们回去了，便一窝蜂冲上去，将那头土牛推倒在地，掰脑袋的掰脑袋，拽大腿的拽大腿，薅牛尾巴的薅牛尾巴，眨眼之间就把一头小山一样的春牛瓜分干净，喜滋滋地抱着抢到手的那块土疙瘩回家去了。

地方官打春牛，是为了劝耕，体现了古代官府的重农意识，可老百姓抢春牛是为了什么呢？人人都知道那牛是假货啊，泥捏的，不能吃啊！

《岁时广记》第八卷解释如下：

立春鞭牛讫，庶民杂还如堵，顷刻间分裂都尽，又相攘夺，以至毁伤身体者岁岁有之。得牛肉者，其家宜蚕，亦治病。……取春牛泥，撒檐下，蚰蜒不上。

立春那天，官员打春牛，百姓抢春牛，有的抢到了，有的没抢到，没抢到的又抢那抢到的，因而打起来，继而打伤身体，这种事情年年都有。这些老百姓为啥要舍命去抢一块土呢？因为他们迷信，迷信附着在春牛上的官权和神权。他们天真地认为，谁家抢到了春牛身上一块土，这一年的蚕桑就会很顺利，家里老小生了病，掰下一小块春牛土熬药，能让病人痊愈。并且春牛还有祛除毒虫的功效，将春牛土撒到屋檐下，蚰蜒不敢往上爬。

又据《东京梦华录》记载，北宋开封老百姓在立春那天还盛行互赠“小春牛”，当然也是泥塑，个头像小猫那么大，底下用一块刮得溜光水滑的木板当基座，基座上有时还会再放几个农夫、一棵柳树、一座小茅屋什么的，也都是泥塑，与小春牛组合成一派田园风光。开封府衙附近有许多商贩摆摊儿出售小春牛，市民买回去，送给亲友，既好玩，又吉利。

第二章

正月十五闹元宵

从张灯三天到张灯五天

旧历正月十五，今称“元宵节”，古称“上元节”，这个节日可能形成于汉魏时期。

关于这个节日的起源，如今有四种说法。

第一种说法，诸吕之乱在正月十五那天被大臣周勃平定。为了庆祝此事，汉文帝将正月十五定为节日，让天下臣民欢庆。

第二种说法，汉武帝时期，方士谬忌奏请祭祀东皇太一，从正月十五傍晚开始，宫中要亮灯一整夜，从此形成上元节张灯的习俗。

（宋）李嵩《观灯图》，现藏台北故宫博物院

第三种说法，汉明帝时期，佛教从西域传入中土，西域历法与中土不同，当地腊月三十恰是此地正月十五，西域腊月三十要燃灯敬佛，中土也受此影响，遂在正月十五燃灯敬佛。

第四种说法，东汉末年，天下大乱，五斗米道兴起，传道者倡言，正月十五，三官下降，天官爱音乐，地官爱热闹，水官爱花灯，于是留下正月十五闹花灯的传统。

以上四种说法，到底哪种才是真实可靠的元宵节起源？很惭愧，咱才疏学浅，没有能够考证出来。反正到了宋朝，元宵节和元宵灯展已经是老百姓习以为常的传统习俗了。

北宋初年，元宵灯展只有三天，即正月十四、正月十五和正月十六。在这三天的晚上，全国各大城市“金吾不禁”，城门大开，彻夜不闭，街上也没有宵禁，农民可以自由进城，市民可以彻夜不归，大家开开心心观看灯展。可是到了正月十六日的深夜或者正月十七日的凌晨，官府会强令收灯，城门会定时启闭，官府委派的巡逻队会在夜晚九点以后盘问甚至锁拿仍在外面逗留的行人。简单一句话：过了正月十六，灯展就结束了。

宋太宗太平兴国三年（978年），割据江南的吴越国王钱俶归降大宋，将江浙版图与家国财富双手奉献给宋太宗，太宗大喜，遂把第二年的元宵灯展延长了两天，即正月十四开始，正月十八结束，自此“上元三夕”变成了“上元五夕”。

不过连续五天灯展的政策并没有普及全国，只有首都可以这样做，别的州府仍然只能搞三天灯展。大约二十年后，大臣张咏执政四川，平定叛乱，发展经济，把四川搞得非常富庶。四川士绅都说：咱们这儿有钱，老百姓日子不比京城差，京城闹元宵开放五天，咱们这儿只搞三天，太少了。张咏顺应民意，将元宵灯展的开始时间提前了一天，从正月十三开始，仍在正月十六结束，允许四川百姓连耍四夜。

南宋初年，宋金交战，宋高宗只顾着逃命，顾不上灯展，直到宋金议和之后的第三年（1143年），才宣布恢复元宵灯展，不过他规定的灯展时间只有三天。为什么不像北宋京城那样连搞五天呢？主要是因为江南城市涌入了大批北方难民，住宅既稠密又简陋，极容易失火，为了降低火灾的发生率，必须缩短灯展的期限。

到了南宋中叶，战事不兴，政局安定，杭州、绍兴、苏州、南京等江南城市的街市布局和消防措施已经基本成熟，于是从京城杭州开始，三天灯展又延长到了五天。南宋陈元靓《岁时广记》云：

杭益先为五更观灯，尔后诸郡但公帑民力可办者，多至五夜。

杭州率先将灯展延长到五天，其他城市也纷纷效仿，只要有钱，只要办得起，就一直这样办下去。

把花灯戴在头上

三天灯展也好，五天灯展也罢，只要我们在灯展期间来到宋朝，就会惊讶地发现一项奇观：好多宋朝人竟然把花灯放到头上，人在街头漫步，灯在头上闪烁。

金盈之《新编醉翁谈录》载：

妇人又为灯球灯笼，大如枣栗，加珠翠之饰，合城妇女竞戴之。

宋朝的巧手工匠把灯笼打造得像枣子和栗子一般大小，再用珍珠和翡翠做装饰，晶莹剔透，光彩夺目，往头发上一插，成了最耀眼的饰品。到了元宵灯展的时候，满城妇女都戴着这样的灯饰上街。

吕原明《岁时杂记》也有类似记载：

京师上元节以熟枣捣炭，丸为弹，傅之铁枝而点火，谓之“火杨梅”，亦以插从卒头上。又作莲花牡丹灯碗，从卒顶之。

女士头上戴灯，男人也一样。在北宋京城开封的元宵节期间，达官显贵和富商大贾出门，身后会跟着一群兵丁或男仆，这些跟班既要负责主人的安全，又要帮主人抖威风。用什么样的方式抖威风呢？就是把花灯放到头上去。他们头上的花灯分两种，一种是莲花状或者牡丹状的灯碗，一种是用铁枝穿起来的“火杨梅”。火杨梅是将干枣磨粉、捣炭为屑，将枣粉、炭屑拌在一起，浇上油蜡，团成圆球，

北宋官窑大碗，高6.8厘米，口径21.7厘米，足径10厘米，现藏台北故宫博物院

一一穿到铁树上，点着了，放在头顶，跟着主人上街。

头上戴灯或许很好玩，但绝对不安全。除了僧人和天生秃头的人，宋朝男子都不剃发，跟女子一样绾着高高的发髻，发髻上再固定一盏莲花牡丹灯碗或者一树哧哧冒火的“火杨梅”，只能小心翼翼亦步亦趋地走路。假如步子迈大了，颠翻了头上的花灯就大事不妙了，只要有一点火星落到头发上，救火肯定来不及，满头烦恼丝就烧光了，只好出家当和尚去。所以我们这些现代人到了宋朝，只宜观看，不可模仿。

还有一种灯，既非顶在头上的灯碗，也不是提在手里的灯笼，而是一根长长的“灯槊”——槊是一种长柄的武器。它可以插在城头上，也可以竖执于手中。远远望去，好像武松打虎的哨棒，又像林冲对敌的长枪。凑近了瞧，这款灯是用一整根约有碗口那么粗的大毛竹制成，削去毛竹枝叶，顶端破开，破成十六根或者二十根细条，细条与细条两两对接，压成一个中空的圆球，在圆球中央插一根蜡烛，外用铁丝固定。

更有巧手匠人，能将灯槊顶端压成莲花状：将顶端破成许多根细条，仍然两两对接，将中段捆扎起来，固定好，下半部分压成圆球，上半部分掰成莲花瓣儿状，圆球中插蜡烛，莲心处放灯盏。这种款式的灯槊，叫作“莲花槊”，不适合随身携带（莲花里的灯盏容易侧翻），只能插在大门口或者城楼上。

我们不妨想象一下，北宋开封内外城的各个城门上，靠着女墙，一排排灯槊高耸入云，朵朵莲花盛开，照得夜空通明，既有节日喜庆气氛，又有威严肃杀之气，还是蛮酷的。

棘盆灯

脑袋上戴着灯碗，城墙上插着灯槊，热闹归热闹，谈不上盛大。宋朝最盛大的元宵花灯，叫作“棘盆灯”。

据《东京梦华录》以及《新编醉翁谈录》这两部文献记载，在北宋开封，从州桥沿着御街一直向北，直到皇宫的南门宣德门外，是灯展最集中的地方。

早在冬至刚刚到来的时候，开封府的官员就开始为元宵节的灯展做准备了。他们派人在宣德门外搭建舞台（以便让皇帝和臣民共同观看各路艺人的精彩表演），在御街两旁安放栏杆，在全城主要街道的十字路口划定场地（供灯展和表演之用），并出资协助全国各地的民间艺人进京排练（时称“行放”，意即彩排），让他们在灯展期间大显身手。

当然，开封府更要出钱采购花灯，包括灯球、灯槊、绢灯、镜灯、字灯、水灯、龙灯、凤灯、走马灯……还有很多巨型花灯无法搬运，只能就地扎造，故此开封府还要雇请高手匠人进京扎造这些巨型花灯。

开封府有钱，但仅靠官府出钱是不行的。为了装点京师，同时也为了装点自家的门面，开封城里的高官和富商同样在为元宵灯展出资出力，在自家门口雇人扎造各种造型奇特的花灯。

如此这般准备两个月左右，元宵节终于来临了，开封成了灯的世界：女士们头上戴着灯，男仆们头上戴着灯，小孩子手里挑着灯，大家走上街头，去十字路口赏灯，去皇宫南门看灯。

在皇宫南门宣德门外有一条东西大街，俗称“潘楼街”，大街南侧有一条一眼望不到边的隔离带，隔离带中安放着全国最大的“棘盆灯”。

《东京梦华录》载：

自灯山至宣德门楼横大街，约百余丈，用棘刺围绕，谓之“棘盆”。内设两长竿，高数十丈，以缯彩结束，纸糊百戏人物，悬于竿上，风动宛若飞仙。内设乐棚，差衙前乐人作乐杂戏。

这条隔离带长达一百多丈，用带刺的树枝编成防护栏，防护栏内竖起两根几十丈高的巨竿，用彩色丝绸捆扎装饰，竿上悬挂着纸糊的神仙、佛像、戏曲人物，风一吹，神佛皆动，就跟活的一样。这两根巨竿中间是戏台，开封府派艺人在此表演。

《新编醉翁谈录》载：

诸灯之最繁者，“棘盆灯”为上。是灯于上前为大乐坊，以棘为垣，所以节观者谓之“棘盆”。山棚上，棘盆中，皆以木为仙佛、人物、车马之像，尽集名娼立山棚上。开封府奏衙前乐，选诸绝艺者在棘盆中，飞丸、走索、缘竿、掷剑之类。

棘盆灯是最庞大最复杂的花灯。确切地说，该灯不是一盏，而是由无数盏灯组成的长龙，是让皇帝和臣民共同观赏的花灯与表演的集大成者。

从宣德门到州桥是一段南北大街，俗称“御街”。御街两旁也各有一条一眼望不到边的隔离带，隔离带中架设灯山，高七丈，灯山上有走马灯、皮影灯、神仙灯、龙凤灯。灯山两旁又各有一尊菩萨灯，即文殊菩萨与普贤菩萨的塑像。文殊骑狮子，普贤骑白象，两位菩萨身高数丈，眼放金光。金光即灯光，匠人将菩萨的头部镂空，中置巨灯，灯光从眼孔里射出来。另外，这两位菩萨都竖起一只手掌，这只手掌的五根手指比一般人的大腿还要粗，从手指的指尖里分别喷出一股清水，好像五股瀑布一般倾泻而下。

（宋）马远《仙侣观瀑图》，现藏台北故宫博物院

菩萨的手指怎么会喷水呢？刚才说了，文殊、普贤两位菩萨的中间是一座灯山，灯山的山顶有一个庞大的水柜，这个水柜通过隐藏的竹管与菩萨的胳膊连接起来。灯山后面还有一口水井，井口架着辘轳，开封府派几名兵丁在那儿绞动辘轳，打出井水，不停地运到灯山上面的水柜里，最后从菩萨的指尖里喷射出来。

灯展期间的安保工作

正月十五那天晚上，皇帝带着太子、嫔妃和太监宫女登上宣德楼，亲自观赏潘楼街的棘盆灯和御街的菩萨灯。

在宣德楼的下面，在潘楼街的北侧，在棘盆灯的对面，临街建有几十座看台，看台上坐着宰相、副相、枢密使、六部尚书以及他们的家眷。皇帝在宣德楼上观灯，这些大臣在楼下看台上观灯。

低级官员和黎民百姓没有看台，在街上挨挨挤挤地观赏，将潘楼街和御街挤得水泄不通。那些有先见之明的聪明人兼有钱人为了观灯方便，提前十几天就在临街的酒楼上订好了位置，一边看灯，一边与亲朋故交吆五喝六地饮酒。其他人想订座位也来不及了，所以《新编醉翁谈录》云："都人欲为夜宴，则绝无可往处，人多故也。"灯展期间想找一家酒店吃饭都找不到，因为早被别人预订一空了。

因为有皇帝与民同乐，所以潘楼街和御街的灯展是全城最盛大的。可是皇帝容易犯困（上早朝必须早起，因而也必须早睡），到了三更（午夜）就回寝宫休息去了，所以潘楼街和御街的灯展也会早早地结束。如《东京梦华录》云：

> 至三鼓，楼上以小红纱灯球缘索而至半空，都人皆知车驾还内矣，须臾闻楼外击鞭之声，则山楼上下灯烛数十万盏一时灭矣。

宋代缂丝《上元戏婴图》，现藏台北故宫博物院

到了半夜十二点，从宣德楼上忽忽悠悠升起一盏小红纱灯，在底下观灯的市民瞧见了，知道皇帝他老人家要回宫了。过了一会儿，又听见一声鞭响，啪，这是暗号，说明皇帝已经离开，于

是几十万盏花灯同时熄灭，灯展宣告结束。

大家不要失望，这里的灯展结束了，其他地方才刚刚开始。毫无睡意的百官和百姓转移战场，前往相国寺、大佛寺、保真宫、醴泉观、马行街、牛行街……因为这些地方也有灯展，而且会一直持续到天亮。

京城灯展如此热闹，小偷小摸实难避免。我们看宋话本，常能见到灯展期间丢失首饰、丢失钱包、丢失孩子、丢失家眷的故事。至于《水浒传》中东京灯展，梁山好汉进京游赏，导致李逵大闹东京、杀伤人命，虽为小说家言，也不是不可能发生的。

为了赏灯群众的财产及生命安全，开封府的官员实在是想尽了办法。

首先是防火。宋时没有消防车和高压水枪，只能靠云梯、火叉、钩枪、水桶来灭火，故此在每一处灯棚旁边，均设云梯一架、巨桶一只、铺兵（消防员）若干名，桶中贮满清水，以备灭火之用。

其次，为防儿童走失，开封府各大坊巷均在社区之内搭设“小影戏棚子”，让小孩子观看。当时没有动画片，影戏艺人借助灯光、手势、纸人和皮影在布景上投射出简单有趣的动画，确实能吸引小孩围观，使他们不至于到处乱跑，被坏人拐走。

再次，开封府颇为重视杀鸡儆猴的作用。据《东京梦华录》记载，潘楼街展出棘盆灯的时候，“开封尹弹压幕次，罗列罪人满前，时复决遣，以警愚民”。在人群里搜出窃人钱财的小偷和调戏妇女的流氓，当即拉到灯棚前示众，或打板子，或处徒刑，让那些蠢蠢欲动的坏蛋知道刑罚的厉害和作恶的后果，从而悬崖勒马，不敢再为非作歹。

有必要补充说明的是，在有些地方，对于特殊的偷盗行为，比如说偷拿别人家门口的花灯，官府会睁一只眼闭一只眼，一般不会施以刑罚。

《岁时广记》第十二卷记载：

亳社里巷小人，上元夜偷人灯盏等，欲得人咒诅，云吉利。都城人上元夜一夕亦如此，谓之“放偷”。……一云偷灯者生男子之兆。又《本草》云，正月十五日灯盏令人有子，夫妇共于富家局会所盗之，勿令人知，安卧床下，当月有娠。

在安徽亳州，市井小民（即引文中的“小人”）在元宵节晚上偷别人家的灯盏，不为别的，专为挨骂，据说丢灯人家骂得越狠，对偷灯者越吉利。京师开封府也有这个习俗，官府不闻不问，谓之“放偷”。有人说，正月十五偷花灯，可以治愈不孕不育。按照《本草》（宋朝有很多版本的《本草》，并非明朝李时珍编撰的《本草纲目》）上的说法，元宵节偷灯，将来能生儿子。曾有一对多年没能怀孕的夫妇，两口子在正月十五那天晚上联手“作案”，他们知道某员外府上布置了灯展，前去参观，偷了一盏灯，回家藏到床底下，没出正月就怀上了孩子。

元宵节的美食

《岁时广记》第十一卷记载：

……上元日食焦堞馅，最盛且久。上元日有“蚕丝饭”，捣米为之，朱绿之，玄黄之，南人以为盘飧。……京人以绿豆粉为科斗羹。煮糯为丸，糖为臛，谓之“圆子”。盐豉、捻头，杂肉煮汤，谓之“盐豉汤”，皆上元节食也。

由此可见，蝌蚪羹（科斗羹）、圆子、盐豉汤、焦馅、蚕丝饭，均为元宵节的节令食品。

蝌蚪羹是用绿豆粉做的，之所以名曰“蝌蚪”，是因为它的形状很像蝌蚪。

宋朝人发明了无数种象形食品，蝌蚪羹应该算是做法最简单的一种。有多简单？听我道来。

绿豆用水泡透，在石磨里磨成稀糊，端到锅边，舀到甑（古代蒸饭的炊具，状如瓦盆，底部有很多小孔）里，用手一压，绿豆糊从甑底的窟窿眼儿里掉下去，啪嗒啪嗒掉入水锅，先沉底，再上浮，两滚煮熟，笊篱捞出，冲凉，控水，拌上卤汁，拌上青菜，就可以吃了。甑底的窟窿眼儿是圆的，所以漏下去的那一小团一小团的面糊也是圆的；它们漏下去的时候势必受到一些阻力，藕断丝连，拖泥带水，所以每一小团面糊又都拖着一条小尾巴。圆脑袋，小尾巴，像不像小蝌蚪？所以宋朝人管这种食物叫蝌蚪羹。

“圆子”的做法在《岁时广记》中已有简介：“煮糯为丸，糖为臛。”糯米粉团成小圆球，用糖做馅儿，滚水煮熟。很明显，宋朝的圆子就是今天的汤圆。

宋朝的汤圆并不总是用糖做馅儿。据《武林旧事》第二卷《元夕》一节记载，南宋杭州元宵餐桌上的美食既有“乳糖圆子”，又有“澄沙团子”，前者是糖馅儿汤圆，后者是豆沙馅儿的汤圆。当然，豆沙馅儿也是要放糖的。

“盐豉汤”的做法在《岁时广记》中也有提到：“盐豉、捻头，杂肉煮汤，谓之‘盐豉汤’。”“盐豉”即咸豆豉，“捻头”指的是油炸短面条，俗称“炸手指”，又叫“麻花头”，“杂肉”则是掺杂肉类的意思。将咸豆豉、炸手指配上肉类一起炖煮，就成了盐豉汤。事实上，盐豉汤在中国源远流长，非常普及，它有很多种做法，换句话说，豆豉可以跟很多种食材相配做汤。以豆豉为主料来煮汤的烹调方式目前在中国大陆已经绝迹，倒是在东邻日本和韩国发扬光大——盐豉汤曾经传入日韩，后来分别发展成为味噌汤和大酱汤。

“蚕丝饭”实际上就是米粉，很细的米粉，状如今日之米线。不过这种米粉在加工之时用天然颜料染了色，有红有绿有黑有黄，下锅煮出来，盛到盘子里，五彩缤纷，很喜庆。

“焦馅”又名“油馅”“糖馅”，其中“馅”这个字的发音与“堆”等同，糖馅即糖堆。说起糖堆，天津人会兴奋起来，因为天津人一向管山楂做成的糖葫芦叫糖堆。

宋朝倒是有山楂，不过宋朝人还没有学会把山楂加工成糖葫芦，他们只用山楂切片做糕，或者用糖腌起来做蜜饯。

在宋朝，糖馅是用一半面粉、一半米粉，掺上砂糖，用手搓成的小圆球。它不同于汤圆，因为汤圆是空心的，包有馅儿；而糖馅是实心的，糖和粉混在了一处。搓成小圆球以后，再放到油锅里炸熟。从油锅里出来，它是脆的，“脆”在宋朝白话中等同于“焦”，故此人们又管糖馅叫作焦馅。

宋朝小贩卖焦馅是很有意思的。据北宋吕原明《岁时杂记》：

凡卖馅必鸣鼓，谓之“馅鼓”。每以竹架子出青伞，缀装红梅缕金小灯球儿。竹架前后亦设灯笼，敲鼓应拍，团团转走，谓之“打旋罗”。列街巷处处有之。

小贩走街串巷叫卖焦馅，一定是全副武装：背后背着竹架，腰间悬着皮鼓，竹架前面罩一把青伞，青伞下面挂几只灯笼。小贩一边走，一边击鼓，同时随着击鼓的节奏用另一只手转动伞柄，使青伞以及伞下的彩色小灯笼团团飞转，好像走马灯。

十八收灯后

元宵灯展是如此热闹，以至于凭空衍生出一条发财之道。据南宋周密《武林旧事》记载：

至夜阑，则有持小灯照路拾遗者，谓之“扫街”，遗钿堕珥，往往得之，亦东都遗风也。

每天深夜，人群散去，街上仍有三三两两的行人提着灯笼，弯着腰，低着头，像找钥匙似的仔仔细细在地面上来回搜寻。原来看灯的时候人太多，挤得太厉害，常常有人不小心遗落首饰，这时候出来捡拾，总能有意外收获，不是捡到一条金项链，就是捡到一只玉手镯。

捡遍了首饰，尝遍了美食，看遍了花灯，正月十八来临了。前面说过，宋太宗之后的北宋京城与南宋中叶之后的南宋京城都是张灯五夜，从正月十四傍晚到正月十八深夜，刚好是五个晚上。至此期限已满，灯展结束，既漫长又热闹的春节终于画上了句号。

正月十九凌晨，北宋大臣晏殊作诗道："楼台寂寞收灯夜，里巷萧条扫雪天。"十八当晚收灯之后，人声鼎沸的都市突然安静下来，火树银花的街巷很快暗淡了，烟花散尽，繁华不再，大雪悄无声息地飘落在余温尚存的大地上，从激烈的喧闹到寂寞的萧条，巨大的落差让人感到一阵悲伤。

同样是在收灯之后，南宋状元张孝祥却另有一番心情，他的词中有这么两句："雪消墙角收灯后，野梅官柳春全透。"灯展已经结束，天街空无一人，可是在这难耐的寂寞之中仍能发现幸福——墙角的积雪正在融化，沟旁的柳树即将发芽，有一枝梅花越过墙头斜探出来，寒冬已尽，暖春已至，欢乐的时光不但没有结束，反而才刚刚开始……

第三章

二三月的赏心乐事

从大内总管被杀说起

司马光在《涑水纪闻》中讲过这么一段故事。

宋真宗晚年，身体欠佳，百病缠身，不能正常上朝，好多军国大事得不到及时处理，朝廷上下怨声载道，大宋政权摇摇欲坠。

假如宋真宗是个好皇帝，他会主动退休，将大权交给年富力强的皇太子，自己退居幕后，安安生生养病，安安生生做太上皇。可惜他不是个好皇帝，他太恋权了，尽管他连批阅奏章的精力都没有了，他仍然死死地攥着手里的玉玺，仍然牢牢地占着屁股下的宝座，丝毫没有禅位的打算。

一个大臣劝他禅位，被罢官。另一个大臣劝他禅位，被流放。文武百官噤若寒蝉，谁都不敢作仗马之鸣。这时候，宰相寇准站了出来。

寇准聪明，他知道直接劝谏没有效果，所以走曲线救国的路线：用伪造的天书来诱导真宗退位。

寇准与宋真宗最宠信的太监周怀政合谋，假造了一份天书，天书上写着晦涩难懂的“预言”，大意是皇帝恋权则年岁不永，新君即位则福寿绵长。过了几天，周怀政在“无意”中“发现”了这份天书，将其献给真宗皇帝。真宗非常迷信，一瞧天书上写的预言，信以为真，当即就宣布说：为了大宋社稷，也为了寡人能多活几年，朕决定将皇位传给太子。

妙计奏效，寇准窃喜。

但是一个多月过去了，真宗还是没有退位，寇准急了，托周怀政打探消息。那天是农历二月初二，宋真宗上完早朝，用过早饭，让两个太监搀着，去后宫花园里看娘娘们挖野菜，周怀政认为机会来了，他跑到真宗跟前，扑通一声跪倒在地，问道："陛下准备什么时候举行禅位大典？"

真宗装聋作哑，好像没听见一样。

周怀政又追问："皇上在一个月前已经宣布禅位，现在还没有行动，是不是想食言啊？"

真宗勃然大怒，指着周怀政的鼻子，质问道："你一个太监，有什么资格过问国家大事？不怕朕砍了你的脑袋吗？你一再逼朕禅位，是不是看朕活不长了？你是不是觉得太子迟早会即位，你想抢到拥立的功劳？你脑子里难道全是功名富贵，就没有一点儿忠君之心吗？"

听到这么强词夺理的言论，周怀政的自尊心严重受伤，他从地上捡起一把挖野菜的小刀，扒开自己上衣，"噗"的一声，扎进去一寸来深，鲜血嗤嗤喷射！

宋真宗吓坏了，如果不是有两个太监扶着，他会瘫倒在地上。他惊慌失措地问道："你要干吗？你这是想干吗？"

周怀政激动地说："皇上怀疑我不忠，我要把心挖出来让皇上看！"

宋真宗吩咐侍卫赶快将周怀政抬走抢救，然后又传唤太医给自己调治——经周怀政这么一吓，他的病情更加严重了。

这场风波过后不久，宋真宗竟然驾崩。周怀政的伤情倒不算太重，没有死，可是皇后和皇太后听说是他让宋真宗受了惊吓，立即传下懿旨，以谋反的罪名杀了他。后来她们听说寇准跟周怀政有来往，于是又罢了寇准的官。

听完上述故事，细心的朋友可能会注意到两个细节：

第一，宋真宗受惊吓那天，是在二月初二。

第二，周怀政去向宋真宗请愿的时候，真宗正在后宫看娘娘们挖野菜。

那么问题来了：娘娘们锦衣玉食，要什么有什么，为什么要挖野菜呢？为什么偏偏在二月初二那天挖野菜呢？

因为二月初二挖野菜是宋朝风俗。只要到了二月初二，无论官民，无论贫富，都要去挖野菜，连皇帝和皇后都不例外。宋真宗当时是有病了，弯不下腰，否则他也会冲进挖野菜的大军，兴致勃勃地挖上一篮。

（宋）赵伯驹《上苑春游图》，（局部）现藏台北故宫博物院

二月初二挑菜节

在我们豫东老家，二月初二是一个很小的节日，人们到了这天，一定会吃凉粉。这里所谓“凉粉”，是指淀粉的水合物，通常是用红薯加工的。一大堆红薯，洗净，刮皮，磨碎，捣糊，加水沉淀，下面是红薯渣，上面是红薯淀粉。将红薯淀粉晒干，再加水搅匀，小火慢煮，边煮边搅，越搅越稠，停火，出锅，冷却，即成凉粉，半透明，玛瑙色，有弹性，口感软糯，可以用米醋和香油凉拌来吃，也可以配菜炒制，做成肉末炒凉粉、豆瓣炒凉粉、韭菜炒凉粉、香菜炒凉粉、菜薹炒凉粉、胡萝卜丝炒凉粉……

豫东民谚：“二月二，吃凉粉儿，吃一碗，要一盆儿。”这句谚语用中原官话的儿化音去读，合辙押韵，朗朗上口。但是，二月二在我们老家究竟叫作什么节呢？很惭愧，我不知道。我打电话问过父母，他们也不知道。“二月二是什么节？”“什么节？吃凉粉儿节呗！”可惜传统节令当中没有这个“凉粉节”。

在中国很多地方，人们都说“二月二，龙抬头”，龙在冬天大睡了几个月，到二月二这天该醒了，该把头抬起来了，该给大家下点儿春雨了。人们还说："二月二，龙抬头，小鬼头，剃毛头。"春节期间不兴理发，整个正月期间都不兴理发，二月初二，禁忌消除，小孩子终于可以去理发了。因为如上原因，二月二这个不知名的节日终于有了名字，有人叫它"龙头节"，有人叫它"剃头节"，还有人叫它"青龙节"。中国地域辽阔，风俗不一，各地过二月二，吃什么的都有。有的地方流行吃面线，称为"吃龙须"；有的地方流行吃饺子，称为"吃龙耳"；有的地方流行吃馄饨，称为"吃龙牙"；有的地方吃饼，并在饼的表面做出鳞片的形状，称为"吃龙鳞"。反正不管吃什么，都想跟龙扯上点儿关系。

二月二，龙抬头，这种说法源自元朝，在宋朝是没有的，故此宋朝人不可能将二月二定为"青龙节"或者"龙头节"。那二月二在宋朝究竟是什么节日呢？

是"挑菜节"。

挑菜节，听起来很怪，实际上也很怪，因为在二月二这天，宋朝人真的要去"挑菜"。挑菜在这里有两个意思，一是挖野菜，二是猜野菜。野菜还能猜吗？当然。

据《武林旧事》记载，每年二月二，宋朝皇宫里都要举办"挑菜宴"，过程如下：

先是，内苑预备朱绿花斛，下以罗帛作小卷，书品目于上，系以红丝，上植生菜、荠花诸品。俟宴酬乐作，自中殿以次，各以金篦挑之。后妃、皇子、贵主、婕妤及都知等，皆有赏无罚。以次每斛十号，五红字为赏，五黑字为罚。上赏则成号真珠、玉杯、金器、北珠、篦环、珠翠、领抹，次亦铤银、酒器、冠镯、翠花、段帛、龙涎、御扇、笔墨、官窑、定器之类。罚则舞唱、吟诗、念佛、饮冷水、吃生姜之类。用此以资戏笑。王宫贵邸，亦多效之。

太监宫女提前备下一批木斛，漆得花花绿绿的，斛里堆放湿土，将挖来的野菜一棵一棵竖插其中，每个斛上插一棵。

再找一批绸布，剪成长条，分别写上各种野菜的名字，卷成小卷，系上红丝，一一压在斛底。比方说，某只斛上插的是荠菜，那么斛底压着的小卷里写的也必须是“荠菜”；假如某只斛上插着马齿苋，斛底小卷里写的也必须是“马齿苋”。不能弄混。

太监和宫女将这些木斛依次摆放在大殿两旁，摆成长长的队列，然后皇帝一声令下，挑菜宴正式开始。

参加这场挑菜宴的人很多，皇后、皇子、皇女、嫔妃、太监总管、高等宫女，都有资格参加。他们参加的方式，其实就是去猜野菜的名字，猜中有奖。比如说皇后站起来，走到一只木斛前面，看看斛中插着的野菜，认为是茵陈，于是轻启朱唇，很有自信地说道：“这棵是茵陈。”旁边太监搬起木斛，抽出小卷，解开红丝，打开一瞧，果真是“茵陈”！众人掌声雷动，为皇后喝彩。皇帝龙颜大悦，亲手拿起一颗珍珠，作为奖品发给皇后。假如这皇后四体不勤，五谷不分，不认识茵陈，说成“蒲公英”，那她就得不到奖品了。

同样是参加挑菜宴，皇后和皇子的待遇，要比太监和宫女高得多。皇后和皇子他们猜中有奖，猜不中也不会受罚；太监和宫女就不同了，猜不中必须受罚。怎么罚呢？不是扒开裤子打板子，更不是砍头掉脑袋，仅仅是罚背一首诗，罚唱一首歌，罚跳一支舞。假如受罚者不会施展才艺，那就罚喝一碗凉水，罚吃一块生姜。总而言之，处罚是很轻很轻的，不是为了惩罚，只是为了娱乐。

娱乐完了，野菜会被扔掉吗？应该不会。按照常理推想，这些野菜大概会被送进御膳房，拼成冷盘，包成饺子，煲成羹汤，供游戏参与者享用。《武林旧事》里没有这样写，但我们不妨这样猜。假如只有前面猜野菜的过程，没有后面吃野菜的宴会，那就只剩“挑菜”，而不能称之“挑菜宴”，对不对？

游戏中所用的野菜是谁挖来的呢？根据本章第一节“从大内总管被杀说起”中的那段历史故事，应该是后宫嫔妃们亲自挖的——如故事所述，大内总管周怀政向宋真宗进谏之时，宋真宗正在后花园看嫔妃们挖野菜。周怀政进谏不成，拔刀刺心，他用的刀，正是嫔妃们挖野菜所用的小刀。

再查《宋会要辑稿》，宋太宗太平兴国二年（977年）二月初二，归顺大宋的吴越国王钱俶“贡黄金挑菜器四、黄金错刀四、银挑菜器二十、银错刀二十”。其中的“黄金挑菜器”和“银挑菜器”，用来替代那些上插野菜、下压小卷的木斛；其中的“黄金错刀”和“银错刀”，则是挖野菜的工具。黄金错刀，镶嵌黄金的刀；银错刀，镶嵌白银的刀。挖野菜而已，用铁铲不就行了吗？干吗还要镶金嵌银呢？因为它们是献给皇家的，是给后宫娘娘们挖野菜用的，如果不镶金嵌银，怎么显得出皇家的气派呢？

《武林旧事》上说，“王宫贵邸，亦多效之。”王爷、大臣和富贵之家也模仿皇宫，每年二月二挖野菜、办挑菜宴。这样做有什么用呢？“用此以资戏笑”，不为别的，就为了好玩。

南宋有一文人名叫张鉴，写有《赏心乐事》一文，该文列举二月的赏心乐事，其中之一叫作“南湖挑菜”，指的是二月初二那天去湖边挖野菜。老百姓挖完野菜，会不会像皇宫里那样，也搞一场猜中有奖的比赛呢？我估计不会，因为底层民众生长于天地之间，为了填饱肚子，必须认识野菜，假如猜中有奖，那人人都能得奖，没有挑战性，没有比赛的乐趣。老百姓挑菜，应该单指挖野菜，没有后面猜野菜的环节。

遥想宋朝二月二，人们一边挖野菜，一边踏青，吹着软软的湖风，闻着浓浓的草气，憧憬着回家之后那一锅清新的野菜羹，确实也是“赏心乐事”。

放园子

《梦粱录》第一卷《二月》记载：

二月朔，谓之“中和节”，民间尚以青囊盛百谷瓜果子种互相遗送，为献生子。禁中宫女，以百草斗戏。百官进农书，以示务本。

二月初二是挑菜节，二月初一则是中和节。

中和节这天，南宋老百姓用青色小荷包装入谷物和瓜果的种子，互相馈送，祝福对方多子多福。皇宫里不送这个，但宫女们会聚在一起斗百草。早朝之时，百官还会向皇帝献农书，劝导皇帝重视农耕。

说到斗百草，大家想必不陌生。《红楼梦》第六十二回，芳官、蕊官、藕官、香菱等人在大观园里斗过百草，她们采了许多种类的花草，席地而坐，这个说“我有观音柳”，那个说“我有罗汉松”，这个说“我有君子竹”，那个说“我有美人蕉”，这个又说“我有星星翠”，那个又说“我有月月红”，这个又说“我有《琵琶记》里的枇杷果”，那个又说“我有《牡丹亭》上的牡丹花”……观音对罗汉，君子对美人，星对月，翠对红，《琵琶记》对《牡丹亭》，斗草跟斗诗似的，煞是热闹好玩。

芳官等人斗百草，是在贾宝玉生日那天。贾宝玉生日是哪天？《红楼梦》里没有明写，据周汝昌考证，是四月二十六。《梦粱录》中说南宋宫女在二月初一中和节那天斗百草，而《红楼梦》里的女伶和侍妾却在四月二十六斗百草，说明各地风俗不太一样。

中国疆土辽阔，气候各异，有的地方春天来得早，有的地方春天来得晚，斗百草的时间相差两三个月也不足为奇。譬如说《梦粱录》记载南宋宫女二月初一斗百草，那是因为南宋皇宫在杭州，地气温暖。假如放在北宋，首都开封二月初，柳丝刚刚泛青，草芽还没长全呢，想斗也斗不成，必须等到三四月份。

正因为各地草长莺飞的时节有早有晚，所以宋朝人“放园子”的时间也有早有晚。

放园子，雅称“放春”，意思是开放私家园林，让外人进去观赏春景，这是两宋都城的春季习俗，时间或在二月初，或在二月十五，或在三月上旬。

《梦粱录》第一卷记载：

仲春十五日为花朝节，浙间风俗以为春序正中，百花争放之时，最堪游赏。

都人皆往钱塘门外玉壶、古柳林、杨府、云洞，钱湖门外庆乐、小湖等园，嘉会门外包家山、王保生、张太尉等园，玩赏奇花异木。

二月十五是花朝节，百花盛开，适宜观赏，杭州市民都去钱塘门外的玉壶园、古柳林园、杨府花园、云洞花园，钱湖门外的庆乐园、小湖园，嘉会门外的包家山、王保生花园、张太尉花园，观赏奇花异木。

《武林旧事》第三卷有《放春》一节，详细描绘了私家园林放春时节的美景和陈设：

蒋苑使有小圃，不满二亩，而花木匼匝，亭榭奇巧，春时悉以所有书画、玩器、冠花、器弄之物，罗列满前，戏效关扑。有珠翠冠，仅大如钱者。闹竿花篮之类，悉皆缕丝金玉为之，极其精妙。且立标杆射垛，及秋千、梭门、斗鸡、蹴鞠诸戏事，以娱游客。衣冠仕女至者，招邀杯酒，往往过禁烟乃已。

南宋有一个姓蒋的能工巧匠，供职于皇家园林，他在杭州为自己建造了一座小型园林，占地不到两亩，亭台水榭俱全，奇花异木争艳，布置得相当精致。从二月十五花朝节一直到寒食节（通常在农历二月下旬或三月上旬），他的园林持续开放，男男女女都能去玩。为了让人们玩得更开心一些，他家园子里除了亭台和花木，还陈设着书画、古玩、首饰、玩具，还可以打秋千、扔飞镖、踢球、斗鸡。为了进一步增强游戏的刺激性，此人还设计了类似于有奖竞猜的环节（即引文中的“戏效关扑”），让游客参与，中奖者可以把奖品带走。那些奖品价值不菲，制作精妙，例如，有一种小花冠，用珍珠翠玉镶嵌而成，只有小铜钱那么大，非常可爱。

花费许多精力和钱财，打扮好自家的花园，开放给外人参观，宋朝人这是图什么呢？

我以俗人之心度雅人之腹，推想出如下意图：

第一，为了显摆。

富人建造园林，仅仅为自己观赏吗？未必。宾朋和陌生人进去看看，不停地发出赞叹，流露出羡慕和嫉妒，这种场面为园林主人带来的幸福感，比独自享受更爽，这就是“独乐乐不如众乐乐”最庸俗化的解释。

第二，为了做广告。

这位姓蒋的高级工匠，他手艺精绝，胸有韬略，但是除了皇帝，还有多少人知道呢？万一有一天，老皇帝晏驾，新皇帝登基，一朝天子一朝臣，他没准就得卷铺盖滚蛋，另谋生路。他趁着圣眷正隆、手头宽裕，将自己出神入化的造园技术和宾至如归的人格魅力展示出来，可以抵御失业的风险——他在放春期间接待的“衣冠仕女”当中，没准儿就有他未来的雇主。

第三，为了赚取一点外快。

据《北轩笔记》，北宋洛阳是私家园林最多的城市，每年三月上旬，几乎所有园林都会开放，但这种开放并非免费——凡是进园参观的游客，都要付给看门人一笔小费，美其名曰“茶汤钱”。看门人得到这些小费，不能独吞，还要分一半给主人，除非主人不要。

司马光就是不要小费的主人。

宋神宗熙宁四年（1071年），五十多岁的司马光因为不赞成王安石变法，辞掉枢密副使的高位，提前退休，去洛阳买了一所房子，盖了一座花园，在那里定居了。

司马光的花园不算大，叫作“独乐园”。按照他自己写的《独乐园记》，花园里主要培植牡丹和竹子，还种了一些中草药和几畦菜，南边的空地挖坑贮水，养鱼养荷，中间的空地盖了几间房子，作为藏书和写作的地方。这种布局在今人看来当然值得羡慕，可是在私人花园鳞次栉比的北宋洛阳，其实非常普通。

花园虽然普通，主人的名气却很大，所以每年春天放园子的时候，独乐园都人满为患。有一年春天，帮司马光看守花园的老仆收到了两万文的小费。按照老规矩，老仆将一半小费交给司马光，但是司马光风格高尚，一文钱都不要。老仆没办法，用这笔钱在花园里为司马光盖了一座小亭子。

社日社饭

（宋）刘松《春社图》，现藏台北故宫博物院

南宋文人张鉴列举一年四季的“赏心乐事”，其中一件叫作“社日社饭”。

春天的春社，秋天的秋社，都属于社日。这里的社日主要指春社，也就是春天祭祀社神的日子。

社神是什么神？它是土地之神、五谷之神，在唐宋以前的神话和民俗文化中，神通广大，备受尊重。不过在唐宋以后，社神的地位渐渐下降，沦落为土地公公之流。民间甚至把它跟土地公公混为一谈，祭社神成了祭土地，祭土地即是祭社神。

春天将近一百天，哪天可以祭社神呢？宋朝历法是这样规定的：

立春后五戊为春社，立秋后五戊为秋社……国朝乃以五戊为定法，绍兴癸亥三月一日社，绍兴丙寅正月二十八日社。（《岁时广记》卷十四）

从立春开始算，第五个戊日为春社；从立秋开始算，第五个戊日为秋社。例如，宋高宗绍兴十三年（1143年）立春后第五个戊日是三月初一，宋高宗绍兴十六年（1146 年）立春后第五个戊日是正月二十八，故此将三月初一定为绍兴十三年的春社日，将正月二十八定为绍兴十六年的春社日。

现代读者见到“立春后第五个戊日”这种文字，往往不明所云。实际上并不难懂——古人以干支计日，甲日、乙日、丙日、丁日、戊日、己日、庚日、辛日、壬日、癸日，依次排列。十天后再来一轮，又是甲日、乙日、丙日、丁日、戊日……从立春那天开始查干支，查到第一个戊日、第二个戊日、第三个戊日、第四个戊日、第五个戊日，好了，赶紧做个记号，将这“第五个戊日”定为社日。

以 2019 年为例，这年立春是在 2 月 4 日（农历腊月三十）。从这天起往后查，第一个戊日是 2 月 10 日，第二个戊日是 2 月 20 日，第三个戊日是 3 月 2 日，第四个戊日是 3 月 12 日，第五个戊日是 3 月 22 日。假如按照宋朝历法，则 3 月 22 日就是 2019 年的春社日，这天是农历二月十六。

再以 2020 年为例，这年立春也是 2 月 4 日（农历正月十一）。从这天往后查，第一个戊日是 2 月 5 日，第二个戊日是 2 月 15 日，第三个戊日是 2 月 25 日，第四个戊日是 3 月 6 日，第五个戊日是 3 月 16 日。按照宋朝历法，3 月 16 日就是 2020 年的春社日，这天是农历二月二十三。

刚才举了四个例子，两个例子在宋朝，两个例子在现代。这四个例子当中，春社日各有不同，有的在二月（2019 年和 2020 年），有的在三月（绍兴十三年），还有的在正月（绍兴十六年）。对于喜欢简单直接方便快捷的现代人来讲，节日如此不固定，过个节都要查半天老皇历，实在太过麻烦。所以现代人过春社，都会选择一个固定的日期，例如，选在农历三月初三。三月初三本是上巳节，是古人去郊外水边洗濯污垢、踏青游春的日子，因为好记，所以把它和春社放到一块儿。

事实上，上巳和春社在今天都不是什么重要节日，市民不拿它们当回事儿，农民也未必记得这些日子。古代农民在社日祭后土、唱大戏，现代农民假如还有这么隆重对待社日的，那必定不是为了祈祷丰收，而是为了发展旅游。

如果有人想恢复宋朝版本的春社，或者想发展春社旅游，或者想申报相关的非遗项目，请一定要仔细阅读下面的文字。

在宋朝，社神的地位已经下降，并且被生活化和庸俗化，成了一对喜欢恶作剧的老年夫妻，被称为“社公”和“社婆”。唐以前祭祀社神的宏大仪式，在宋朝成了与社公社婆一起作乐的游戏，成了妇女休闲和小孩休假的一个小小节日。

春社怎么作乐，如何游戏，暂时先不谈，我们先看看宋朝人在春社这天吃什么。

据《岁时广记》，春社主食是“鏊饼”和“漫泼饭”。鏊饼是在鏊子（一种专门用来煎饼的平底铁锅）上煎熟的薄面饼，松软酥脆，卷着生菜、韭菜和猪肉吃。漫泼饭是盖浇饭，用炒鸡蛋、猪羊肉、青蒿菜、芫荽、韭菜做菜码。

春社的小食是“社糕”，做法不见记载。但据《东京梦华录》记载，春社这天，人们会互送社糕和社酒，就像中秋时互送月饼、春节时互送年糕一样。

社酒是什么酒呢？文献中也没有记载。不过在宋朝人看来，社酒沾上了社公社婆的某些神力，可以驱赶蚊虫，还能让不会说话的小孩子尽快学会说话：“社酒喷屋四壁，去蚊虫；纳小儿口中，令速语。”把社酒喷到屋内墙壁上，蚊虫不敢进屋；把社酒涂抹到小孩嘴里，小孩学会说话的时间会提前。另外还有一种说法，将社酒滴到老人耳朵里，可以治疗耳聋。

按宋朝风俗，春社有三不宜。

一不宜晚起。小朋友这天假如起床太晚，社公社婆会偷偷在他们脸上拉屎，以后这孩子长大了，会有一张大黄脸，跟秦琼秦叔宝似的。

二不宜吃腌菜。假如女生在春社这天吃了腌菜，将来出嫁拜见公婆，一弯腰就放屁，忍都忍不住。

三不宜上学和开工。春社这天，如果小孩还去上学，会越学越笨；如果妇女还在做女红，会扎伤手指。最理性的选择，就是休假，小孩别去上学，大人别去做工，已婚妇女可以休假一天，回娘家探探亲。

又据《东京梦华录》，已婚妇女在春社那天回娘家探亲，娘家人会送她小葫芦和大红枣。把葫芦带回去，能给孩子当玩具，大枣则可以补身子。另外，葫芦多籽，寓意多子。枣的谐音是“早”，寓意早生贵子。

《东京梦华录》还记载，春社那天，学校放假，老师会和学生们聚餐，师生大吃一顿，临走还让学生带走礼物，例如，花篮、水果、社糕、社酒之类。但是，聚会时花的钱都要由学生承担。换句话说，学生去参加春社聚餐，都要交给老师份子钱。

社日最好玩的游戏，全与小朋友有关，这些游戏分为三项，分述如下。

第一，乞聪明。

在宋朝江浙一带，小朋友还没学会走路的时候，父母让他们在社日那天爬过土沟，据说这样可以让孩子变得更聪明。宋朝文学家李廌（苏东坡的好朋友）写过一首《社日书怀》：

社公沐发望年丰，岂谓雨余仍苦风？

未报田间禾颖秀，但惊堂上燕巢空。

里人分胙祈微福，稚子爬沟拟乞聪。

老病不知秋过半，谩刍新酿要治聋。

这首诗描述的不是春社，而是秋社。秋社到了，燕子飞走了，乡民祭过社神，在一块儿聚餐，分吃祭肉，分饮社酒。小朋友在沟里爬，家人想让他们更聪明。我（李廌）年纪大了，脑子糊涂了，不知道秋天已经过完一半，还计划着再酿一些社酒，治治自己的耳聋。

第二，开聪明。

每年春社日，小学生放假，将一根大葱绑在竹竿上，从窗内捅到窗外，谓之“开聪（葱）明”。

第三，能计算。

春社这天，小学生又用彩色丝线系一个蒜头，挂在脖子上，谓之“能计算（系蒜）”。

第四章

寒食与清明

一年三大节，寒食居其一

在曲艺界，师徒关系是终身的，一日为师，终身为师，只要师父还活着，每年三节两寿，徒弟都要去师父家做客，给师父送礼。

什么是“三节两寿”呢？两寿，指的是师父生日、师娘生日；三节，春节、端午节、中秋节。

举例说明：小明拜老李为师，老李三月初八生日，老李太太四月初九生日，则小明在每年三月初八和四月初九都要向老李夫妇祝寿，在正月初一（春节）、五月初五（端午）、八月十五（中秋）都要向老李夫妇贺节。

宋代缂丝《群仙祝寿图》，现藏台北故宫博物院

上述规矩大约形成于清朝。在清朝，不仅曲艺界如此，官场也如此，长官和长官太太过生日，僚属也要来祝寿，每年春节、端午节、中秋节，僚属也要向长官贺节。至于节日礼物，那当然是必不可少的啦！

宋朝还没有这规矩。假如有，宋朝的三节肯定是另一套版本。

“国朝旧制，冬、正、寒食，为三大节，纵民间蒲博三日。”（《岁时广记》卷十五）在宋朝人心目中，三节不是春节、端午与中秋，而是春节（元正）、冬至与寒食。平常过节，不许赌博，只有春节、冬至、寒食除外，朝廷开放赌禁，允许大赌三天。

又据宋仁宗时颁布的休假法令："冬至、寒食、元正，各假七日，余勿得过三日。"冬至、寒食、春节，这三节各放七天假，其余节日最多只能放三天假。该法令还专门规定了寒食节的休假时间："清明前二日为寒食节，前后各三日，凡假七日。"清明节再往前推两天是寒食节，以寒食节当天为中心，前面放假三天，后面放假三天，加上寒食这天，总共放假七天。

南宋初年，战事频繁，皇帝被金兵追得无处躲藏，无暇顾及休假。直到宋宁宗即位，才重新制定了休假法，假期比北宋时期缩水："寒食假五日，前后各二日休务。"寒食假期从七天缩为五天，还是以寒食当天为中心，前面放假两天，后面放假两天。与此同时，春节和冬至的假期也变成了五天。所以说，即便到了南宋，寒食仍然能与春节和冬至并驾齐驱，仍然是三大节之一。

现代人都知道春节，也知道冬至，但对寒食节会陌生一些，我们早就不把这个曾经非常重要的节日当回事儿了。2019 年寒食节在哪一天？ 2020 年寒食节在哪一天？谁知道？恐怕大多数朋友都不知道。

寒食节是节日，是宋朝人非常重视的传统节日，但它就像二十四节气里的节气，除非经过推算，否则你不知道它究竟会在哪一天。宋朝人的推算方法是以冬至为准，从上一年的冬至往后推一百零五天，即为这一年的寒食节；从这一年的冬至再往后推一百零五天，即为下一年的寒食节。

比如说，2018 年冬至在 12 月 22 日（农历十一月十六），往后数一百零五天是 2019 年 4 月 2 日（农历二月二十七），所以 2019 年寒食节就在二月二十七；2019 年冬至在 12 月 22 日（农历十一月二十七），往后数一百零五天是 2020 年 4 月 1 日（农历三月初九），所以 2020 年寒食节就在三月初九。

读者诸君查《万年历》，可能会查到不一样的结果，你们查到的 2019 年寒食节可能在二月二十九，2020 年寒食节可能在三月十一。还有一种可能是，你们的《万年历》上根本就查不到寒食节，只有清明节，没有寒食节。

这是为什么呢？因为宋朝人编订历法，是先推算出冬至，再根据冬至推算寒食，最后再根据寒食推算清明——寒食比冬至晚一百零五天，清明又比寒食晚三天。而现代人编订历法，是先推算出二十四节气，其中包括清明，回过头来再根据清明推算寒食——清明在后，寒食在前，寒食紧贴着清明，只比清明早一天。这种“现代化”的推算方法，起源于清朝初年传教士汤若望的历法改革。汤若望改革历法以前，人们根据寒食定清明，寒食为主，清明为辅，清明比寒食晚三天；汤若望改革历法以后，人们根据清明定寒食，清明为主，寒食为辅，寒食比清明早一天。

历法的变化可以反映节日地位的变化。在宋朝，寒食节是大节，清明节是小节，寒食节放假七天或者五天，清明节不再专门放假，因为寒食节长假当中已经包含清明节了。在今天，清明节成了传统节日，通常放假三天，寒食节没有假期，成了清明节的附庸，甚至在家用台历和一些电子版的日历上，你完全看不到寒食节。你在街上随手拽住一个人，无论男女，无论老少，无论南方人还是北方人，问问人家知道寒食节不，十个有八个不知道。

生火招骂，还被罚款

现代人不知道寒食节，决非坏事，假如这个节到了今天还在盛行的话，会给我们带来很多麻烦。

什么是寒食？寒，冷也；食，饭也。所谓寒食，就是吃冷饭，这个节日期间，不能生火做饭。不是开玩笑，真的不能生火。

是寒食节当天不能生火呢？还是整个寒食节假期都不能生火呢？按宋朝规矩，从寒食节当天凌晨开始禁火，一直禁到清明节凌晨。前文不是说过吗？宋朝历法将清明节定在寒食节后第三天，从寒食节凌晨到清明节凌晨，总共三天三夜，不能煮饭不能烧菜。

不能煮饭，不能烧菜，只能吃冷食，吃剩饭。那可是春天，是农历二月或者三月，天气尚寒，顿顿吃冷饭，肠胃受得了吗？真的有人受不了。欧阳修寒食诗云：“多病正愁饧粥冷。”本来正闹病，身体不舒服，寒食节期间还不能吃口热饭，欧阳修不开心。

《岁时广记》第十五卷记载

庆历中，京师人家庖厨灭火者三日，各于密室中烹炮，尔后稍缓矣。

宋仁宗庆历年间（1041—1048），开封市民过寒食节，每年禁火三天，有些人家不愿吃冷饭，厨房不敢冒烟，偷偷在卧室里烧饭。庆历以后，火禁稍宽，人们渐渐可以光明正大地生火做饭，不用再偷偷摸摸了。这句古文叙述简略，据常识推想，庆历之后火禁之所以稍宽，可能是因为人们在卧室里偷偷做饭的时候，闹出了火灾，官府不得不明令开放火禁。

事实上，宋朝官府并不如何禁火，倒是一些老百姓非常在意这个。《岁时广记》第十五卷又有记载如下：

元丰初，官镇阳，镇阳距太原数百里，寒食火禁甚严，有辄犯者，闾里记其姓名。忽遇风雹伤稼，则造其家，众口交遍谪之，迨不能自容，以是相率不敢犯。

宋神宗元丰元年（1078年），某人在距离山西太原几百里的镇阳做官。镇阳人民非常重视寒食火禁，如果谁家在寒食节期间做饭，会被邻居们记下来。寒食节过后，风调雨顺则罢，万一碰上自然灾害，例如一场冰雹砸坏庄稼，邻居们就会归罪到那户人家头上，鸣鼓而攻之，骂得那家人在当地待不下去。因为这个缘故，当地人过寒食节，家家户户都不敢生火。

南宋笔记《癸辛杂识》记载了更为严格的禁火习俗：

绵上火禁，升平时禁七日，丧乱以来犹三日。相传火禁不严，则有风雹之变。社长辈至日就人家，以鸡翎掠灶灰，鸡羽稍焦卷，则罚香纸钱。有病及老者不能冷食，就介公庙卜乞小火，吉则燃木炭，取不烟，不吉则死不敢用火。或以食暴日中，或埋食器于羊马粪窖中，其严如此。

绵上是地名，在今山西省介休市东南，那里的寒食火禁比山西镇阳还要严格。北宋没灭亡时，别处寒食禁火三天，这里禁火七天。北宋灭亡后，这里才把火禁缩短到三天。当地百姓迷信，认为寒食节如果不禁火，会招来大风和冰雹。所以每年寒食节期间，族长和村干部都会挨家挨户查看，用鸡毛去扫灶膛里的灰，如果鸡毛变焦，说明这家动了火，当场罚款。老人和病人不能吃冷饭，可以去介公庙里上香求签，得到吉签才能生火，否则只能继续吃冷饭，哪怕病死也不敢动火。有些人家为了让冷饭稍稍变暖一些，将饭菜搬到阳光下晒；有些人家为了向外人展示寒食不吃热饭的决心，将铁锅埋到粪堆里。

寒食节期间干吗禁火呢？为了保护森林？不可能，秋冬才是森林真正需要防火的季节。为了减少雾霾？更不可能，古代中国很少有雾霾危害。

关于寒食火禁以及寒食节的起源，如今有两个主流解释。

第一个解释涉及春秋战国的历史名人介子推，差不多到了妇孺皆知的地步。

说是春秋时期，晋国内乱，晋公子重耳出逃，路上没饭吃，饿晕了过去，介子推从大腿上割下一块肉，煮成肉汤，救了重耳一命。多年以后，重耳归国，南面为君，成了晋文公，对当年护驾有功的臣子论功行赏，竟然把介子推给忘了。介子推很生气，背上母亲躲进深山，发誓不吃晋国一粒米。后来晋文公想起介子推，亲自带队去山里请他，介子推死活不出来。晋文公喊话："快下山，再不下山我们就烧山了！"介子推无动于衷。晋文公脑子短路，真的让人点火。满山大火堵住去路，把介子推和他娘活活烧成灰烬。晋文公又后悔又伤心，为了纪念介子推，将冬至后第一百零五天定为寒食节，禁止全国臣民在那天生火，这就是寒食节的来历。

第二个解释只有理论，没有故事，知道的人很少。

这个解释是这样的：上古时期，钻木取火，生一次火很难很难，必须把火种保存起来，不断添柴，一烧就是一年。古人认为，火种里面一定蕴含着某种神力，否则不可能生生不灭，可是一年过后，这种神力就变弱了，会有恶灵乘虚而入，占据火种，如果继续使用，将给大家带来灾害。所以，每年都要定期让火种熄灭一次，杀死恶灵，几天后再来一次钻木取火，得到新的火种和新的神力。

以上两个解释，哪个更靠谱一些呢？也许都不靠谱。我个人更不喜欢第一个解释，因为我不喜欢介子推。咱不聊介子推，只聊寒食，这个节日不让吃热饭，老人和病人想生火还得去介子推庙里烧香祷告，合理吗？对健康有益吗？既然不合理，对健康不利，那它就是陋俗，应该废除。

曹操当年就废除过寒食禁火的陋俗，他颁布的《明罚令》有云：

闻太原、上党、西河、雁门，冬至百五日皆绝火食，云为介子推……且北方冱寒之地，老少羸弱，将有不堪之患。令到，人不得寒食，若犯者，家长半岁刑，主吏百日刑，令长夺一月俸。

太原、上党、西河、雁门这几个地方，寒食节都吃冷饭，据说是为了介子推……北方的春天寒冷，老人和小孩吃不上热饭，恐怕会因此丢掉性命。从今以后，废除寒食火禁，如有人违反，户主坐牢六个月，乡长坐牢一百天，县长停发一个月工资。

不能洗澡，不能洗脸，不能梳妆打扮

曹操有没有将寒食节禁火的陋俗彻底废除呢？当然没有。如果彻底废除的话，宋朝山西民间绝不可能迷信“火禁不严，则有风雹之变”，里长和族长绝对不敢挨家挨户上门检查，那些百姓也用不着将铁锅埋到粪堆里了。

寒食节带来的麻烦远不止此。

《岁时广记》第十五卷“百三日”条：

去冬至一百三日，为炊食熟，以将禁烟，则饔飧当先具也。而以是日沐浴者，因其炊熟之盛，又从此三日无燂汤之具也。

从冬至往后数一百零三天，距离寒食还有两天，寒食即将到来，火禁即将开始，必须准备未来三天乃至七天的熟食，各家厨房都忙碌起来，蒸米饭、蒸馒头、炖肉、炸鱼、备办各种小点心，煎炒烹炸齐上，荤素浓淡俱全。食物太多，无处存放，锅碗瓢盆都占满了还不算，连澡盆和浴缸里都存满了吃的喝的。平常那些每天都要洗澡的人，在这天肯定洗不成，因为澡盆和浴缸腾不出来。即使到了第二天、第三天，将澡盆和浴缸里的食物吃完了，还是没办法洗澡，因为寒食节不能动火，不能烧水，非要洗澡的话，只能洗冷水澡，冻得感冒。

《岁时广记》第十五卷“畜井水”条：

世传妇人死于产褥者，其鬼惟于百五日得自湔濯，故人家前一日皆畜水，是日不上井，以避之。

本书上编第一章说过，宋朝妇产科野蛮落后，近乎巫术，妇女难产的死亡率极高。宋朝人还很迷信，认为倘若妇女难产而死，或者虽然顺产，但却因为营养和保健不当，死于产后风，就会成为孤魂野鬼，在寒食节那天聚集到水井之中，洗去身上的血污。为了避开这些女鬼，寒食节当天不能挑水。不挑水，怎么喝水呢？在寒食节的前一天去挑，多挑几桶，留着寒食节那天用。

传说中的介子推不是在山西被烧死的吗？山西人民过寒食节，还有一项忌讳：寒食节当天，女生不能洗脸，不能梳妆打扮，以免引来灾祸。

洗脸梳妆怎么会引来灾祸呢？因为介子推的妹妹不想看到别的女生比她漂亮。据宋朝民间传说，介子推有一个妹妹，介子推在寒食那天被别人放火烧死，他的妹妹在冬至那天被自己放火烧死——介子推的妹妹从哥哥被烧死那天起开始攒柴火，攒了一大堆，冬至那天，一火焚之，自己冲进火堆，步了哥哥的后尘。

介子推死后成神，介子推的妹妹死后也成了神，但哥哥不许人家生火做饭，妹妹不许人家梳妆打扮。寒食那天，介子推的妹妹出来巡游，瞧见哪个女生穿得花枝招展，就让人家跳河而死；瞧见哪个女生长得比她漂亮，就让人家跳井而死。凡是迷信介子推兄妹的宋朝山西人，都不敢冲犯二人，寒食期间既不生火，也不洗脸。

不洗脸，不梳妆，不能穿漂亮衣服，爱美的女生会觉得天塌了一样，可是这一禁忌刚好可以迎合特别懒惰的妇女——本来就不想洗脸，刚好可以借这个禁忌，名正言顺地不洗脸。

宋朝有民谚："懒妇思正月，馋妇思寒食。"正月里忌做女红，妇女可以借故休假；寒食节不能做饭，会提前备下很多好吃的熟食，特别是不易变质的油炸食品，馋嘴的妇女可以借机解馋。

但我觉得，无论懒妇还是馋妇，都会喜欢寒食节的，因为寒食节不仅仅可以解馋，更可以休假。不用洗脸，不用打扮，不用生火做饭。

寒食节的吃喝和玩具

寒食节虽说不能做饭，节令食品仍然少不了。

宋朝寒食节都有哪些节令食品呢?

首先是粥，加了麦芽糖的粥。

北方人将麦子泡软，磨掉硬皮，留下麦仁，加入磨成稀糊糊的杏仁，一起熬煮，快要出锅时，再加入一碗浓稠的麦芽糖汁，搅拌均匀，浓香甜蜜，口感软脆，名曰"麦粥"。

南方人用粳米煮粥，也加入麦芽糖，名曰"饧粥"。

这些粥当然要在寒食节前煮好，寒食期间只能喝冷粥。甜归甜，热度不够。

除了粥，还有两种面食，一种叫"子推燕"，一种叫"枣錮"。子推燕是蒸熟的面点，形如飞燕，用柳条穿起来，挂在门楣上。枣錮也是蒸熟的面点，形如馒头，但这馒头上插满了大枣，红白分明，喜庆热闹。

除了面食，还有肉食。北宋开封人过寒食，有一种肉食叫"冻姜豉"，其实就是用姜末和豆豉凉拌的猪肉冻。寒食之前，炖煮猪肉，将肉捞出，留下肉汁，放凉以后，自成肉冻，盛出来，切成块儿，片成片儿，小心翼翼地拌上姜末和豆豉，就着这道菜，可以吃枣餇和子推燕。

《东京梦华录》载，寒食节当天，开封城里叫卖稠饧、麦糕、乳粥、酪乳饼的特别多。其中麦糕、乳粥、酪乳饼只有名称，没写做法，不知道怎样烹饪。稠饧容易解释，就是熬好的麦芽糖，浓浓的，黏黏的，甜味不重，香气扑鼻。

寒食节期间，宋朝小贩叫卖麦芽糖的方式很有特色，不吆喝，只吹箫。小贩挑着两桶麦芽糖，走街串巷，走累了，歇一歇，抽出竹箫，呜呜咽咽吹上一曲。小朋友一听，就知道卖麦芽糖的来了，跟父母要两文钱，跑出来买上一小碗。北宋状元宋祁《寒食》诗云："草色引开盘马路，箫声吹暖卖饧天。"欧阳修的好朋友梅尧臣也有诗："千门走马将开榜，广市吹箫尚卖饧。"寒食都过完了，朝廷张榜公布新科进士名单，大街上还有小贩在吹箫售卖麦芽糖。

宋朝小朋友也许并不讨厌过寒食，一是能吃上香甜的麦芽糖，二是有机会买到一些特别好玩的小玩意儿。

《岁时广记》第十六卷介绍了两款寒食玩具，一款叫作"竹笼儿"，一款叫作"小车儿"。光听名字，听不出它们有多神奇。实际上，竹笼儿是一整套玩具，用竹笼装起来，内有木刀、木枪、小旗、小扇子、小弓、小箭、小靶子。那竹笼本身也是玩具，制作精巧，笼身编成亭子，盖子编成飞檐，飞檐下面还挂着一圈小铃铛。小车儿也是一整套玩具，包括拉土的土车、救火的水车、人们乘坐的马车、比普通马车要豪华的轿车、比普通轿车更豪华的辂车。这些车，长一尺左右，宽半尺左右，竹木制成，木轮、木厢、木牛、木马、木小人儿，机关精妙，上了发条，牛马会跑，小人会动，车轮会滚滚向前。

据我看，如此好玩的玩具，即使拿到今天也会受到欢迎的。

清明赐新火

寒食过后第三天，火禁结束，清明到来。

唐宋两朝都有一项传统：清明节凌晨，皇帝会让几十个小太监一起钻木取火，用削尖的枣木橛子去钻干透的榆木疙瘩，借助绳索和简易的机关，绳索绑在木橛上，橛子钻在榆木上，两条腿牢牢抵住榆木，两只手紧紧抓住绳索，一左一右拽起来，哧，哧，哧，飞速转动木橛，通过摩擦生热，钻出热气，钻出火星，直到钻出火苗来。这个过程非常艰难，成功率很低，但那几十个小太监，总会有一个成功。谁能成功，谁就能得到皇帝的重赏，因为他为皇家带来了新火。

皇家有了新火，会用这新火点亮许许多多的蜡烛，用罩子罩着，再派太监分送到宗室亲贵和文武大臣家里去。有资格得到这一赏赐的，只有王爷、宰相、副相、枢密使、三司使、开封知府、翰林学士、进京述职的安抚使、后宫嫔妃，以及宫中有头有脸的大太监。欧阳修诗云：“自怜惯识金莲烛，翰苑曾经七见春。”欧阳修见惯了每年清明节赐给大臣的蜡烛，因为他当了七年的翰林学士，已经有七次分赐的新火了。

（宋）刘松年《十八学士图》（一）

（宋）刘松年《十八学士图》（二）

宋朝人平日取火，肯定不会用枣木橛子去钻榆木疙瘩，除非他们笨得像榆木疙瘩。在宋朝，无论皇宫还是大臣府上，包括普通老百姓家里，都有火刀火石火媒子。想生火做饭，只需拿起钝厚的铁刀，敲击黑色的燧石，啪嗒，啪嗒，啪嗒，火星飞溅，溅到用灯芯草或者细绵纸卷成的火媒子上，轻轻吹旺，将火星变成火苗，即可引燃干柴。寒食火禁，各家无火，到了清明节需要重新生火，那也用不着钻木取火，用不着让皇帝专门派太监送来新火。宋朝清明节之所以保留了钻木取火和分赐新火的仪式，仅仅是为了向上古之人致敬而已。

从民俗学的角度讲，仪式越烦琐，就越显得隆重。有简单快捷的火刀火石不用，偏去钻木取火，这种不必要的烦琐仪式，可以体现出大宋皇家清明节的隆重和高档。王公贵族和文武近臣并不需要皇帝赐给新火，皇帝偏要让太监去送，像传递奥运火炬一样小心传递着一根根燃烧的蜡烛，可以体现出皇帝对近臣的关心和宠信。

没有资格获赐新火的官员，如果有闲且喜欢，也可以自己玩钻木取火。当年苏东坡在杭州做市长，清明节歇班，去西湖游玩，跟一和尚钻木取火，还写诗纪念："寒食清明都过了，石泉槐火一时新。"槐火一时新，说明他钻的不是榆木疙瘩，而是槐木疙瘩。

扫墓一整月

清明节早晨，取得新火，引燃柴火，倒掉冷饭，改吃热食，寂寞了几天的锅灶恢复了往日的热闹，美好生活继续。但在某些地方，例如山西一带，还要禁火到清明以后。结果呢，清明节上坟，不能烧纸，只能把纸钱撒到坟头上，挂在树枝上。

庄绰《鸡肋编》卷上："寒食火禁，盛于河东，而陕右亦不举爨者三日。……上冢亦不设香火，纸钱挂于茔树。"山西与陕西极重火禁，清明上坟也不能烧纸，将纸钱挂到坟墓旁边的树上，一串串，一簇簇，仿佛花朵盛开。

寒食禁火，不让吃热饭，这个风俗不好；上坟不让烧纸，倒值得我们现代人效法。现在中国人清明扫墓，很多地方仍有烧纸钱和放鞭炮的习俗，乡间坟墓稀疏，天广地阔，鞭炮声不显得刺耳，如果是去城郊的公共墓地，鞭炮声震耳欲聋，火药味儿铺天盖地，纸灰与炮仗齐飞，简直能把你呛得喘不过气来，使本来就糟的空气质量变得更加糟糕。

记得2011年清明节，我携家带口返乡祭祖，刚从后备厢里取出供品，就看见远处黑烟滚滚，村头一户人家的厨房失火了。为什么会失火呢？原来那户人家紧挨着一片杨树林，杨树林后面是一小片家族墓地，人称“杨树坟”。杨树会开像柳絮一样的白花，白花落在地上越积越厚，像火药一样易燃。而在那天上午，有人去杨树坟祭祖，风一刮，把没有烧净的纸钱刮到了杨树林里，满地白花顿时变成一排火线，呼呼地烧着了那家的房子。

宋朝山陕一带，清明节时火禁还在，既然禁止用火，那肯定不能放鞭炮，肯定不能烧纸钱，这样就不至于制造噪音，不至于增加雾霾，不至于造成火灾。唯物主义辩证法告诉我们，凡事都有两面，一面好，一面坏，寒食禁火，对肠胃不好，对环境很好，算是利弊各半。

不过，宋朝人扫墓，未必都在清明那天。《岁时广记》第十五卷“百四日”条：

民间以一百四日始禁火，谓之“私寒食”，又谓之“大寒食”。北人皆以此日扫祭先茔，经月不绝，俗有“寒食一月节”之谚。

冬至后第一百零五天为寒食，民间一般从寒食节前面的那一天开始禁火，这一天是冬至后第一百零四天，被人们称为“私寒食”，又叫“大寒食”。从小寒食那天开始，北方人就可以扫墓了，此后整整一个月当中，都是可以扫墓的日期。故此民间有一句谚语：“寒食一月节。”意思是整月时间都能扫墓，相当于把寒食延长到一个月。

扫个墓而已，一天就行了，用得着浪费一个月吗？其实宋朝人也没办法，因为交通太落后了。士子在外游学，客商在外售货，离家可能几百里，现在开车几小时可到，过去骑马坐轿，搭乘木船，顺风挂帆，逆风登岸，最有效的交通工具就是双脚，一路上可能要花七八天，打尖住店可能要花几千文，假如不留出十分富裕的时间，怎么来得及回家扫墓呢？

第五章

四月煮酒，五月解粽，六月颁冰

浴佛和煮酒

对佛门来说，农历四月有一个很重要的节日，那就是四月初八浴佛节。

《过去现在因果经》讲述，佛陀在蓝毗尼园无忧树下降生时，天上九龙吐水，最清净的香水浇灌在佛陀的头上，再从头顶喷洒而下，浇注全身，洗净了他的身体。所以，后世佛教徒为了纪念佛陀的诞生，每年都要在佛陀生日那天举行盛大的浴佛仪式。

佛陀生日是在哪天呢？佛经中各译本说法不一，因为梵文原典沿用印度历，中文译本沿用农历，古印度与古中国大小月的规定不一样，连一年的起点都不一样，两种历法转换之时，总会有这样那样的差异。《长阿含经》将佛陀生日定为二月初八，《太子瑞应本起经》将佛陀生日定为四月初八，日本佛教由于明治时期旧历改新历的缘故，将佛陀生日定为公历 4 月 8 日，南传佛教和藏传佛教又将公历 5 月份的月圆日定为佛诞节，而在晚唐和五代时期，北方禅宗还曾经将腊月初八当成佛诞日，在佛陀成道那天举行浴佛仪式。

（宋）苏汉臣《灌佛戏婴图》，现藏台北故宫博物院

宋朝人铸造的大日如来铜像，高 25 厘米，现藏台北故宫博物院

好在宋朝佛门基本上取得了共识，无论禅宗还是净宗，无论南方还是北方，都统一将四月初八定为佛诞节，

也就是浴佛节。

《东京梦华录》载：

四月八日，佛生日，十大禅院皆有浴佛斋会，煎香药糖水相遗，名曰“浴佛水”。

北宋开封四月初八，十大寺院同时举行浴佛斋会，用香料与蔗糖煎煮热饮，称为“浴佛水”，赠送给参加斋会的香客和常年供佛的施主。

《武林旧事》载：

四月八日为佛诞日，诸寺院各有浴佛会，僧尼辈竞以小盆贮铜像，浸以糖水，覆以花棚，铙钹交迎，遍往邸第富室，以小杓浇灌，以求施利。

南宋杭州四月初八，各大寺院都有浴佛会，和尚和尼姑捧着小盆，盆里放着释迦牟尼的铜像，浸泡在糖水之中，上搭花棚，其他僧尼奏响乐器，从王公贵族和富商大贾的门口经过，请这些施主用小勺舀起糖水亲自浴佛，可以得到大把大把的香火钱。

查佛教经论，如《灌腊经》和《浴佛功德经》，浴佛主要用香水，即用檀香、沉香、松香、麝香、丁香、龙脑等香料浸泡而成的水。先用含有香料的香水灌佛，再用不含香料的清水擦拭。但是根据《东京梦华录》和《武林旧事》的描述，两宋都城僧人浴佛，用的主要是糖水。宋朝造糖技术空前先进，糖比香料便宜，用糖水浴佛，比用香水浴佛成本低。更重要的是，糖水更好喝，浴佛之后送给施主，味道甜甜的，可以当饮料，从精神层面讲，还有驱魔祛病的效果。

与汉唐时期的佛教相比，宋朝佛教更加世俗化，不受戒律约束的僧人越来越多。据欧阳修《归田录》、陆游《老学庵笔记》、文莹《湘山野录》、惠洪《冷斋夜话》等宋人笔记，在北宋开封，即使是与当朝大佬交好的所谓高僧，也有饮酒食肉的。我刚才列举的那四部宋人笔记之中，《湘山野录》和《冷斋夜话》都由僧人撰写，《湘山野录》的作者文莹和《冷斋夜话》的作者惠洪都是文思卓绝的和尚，都在著作中提到自己饮酒吃肉的经历，他们可以光明正大地把它当成段子来讲，毫不避讳。

既然僧人并不避讳饮酒，那么我们不妨在这个写浴佛的小节里再补充一些酒的故事。

南宋杭州，浴佛节之前，四月初一或初二，是官营大酒厂开始煮酒的日子。《武林旧事》第三卷《迎新》记载："户部点检所十三酒库，例于四月初开煮，九月初开清。"南宋财政部下点检所经营着十三座酒厂，通常在每年四月初开煮，到九月初开清。

这里说的"开煮"，是开始酿酒的意思。中国喜用谷物酿酒，将谷物洗净，泡透，煮熟（或者蒸熟），摊凉，拌曲，封缸，发酵，开缸，滤糟，陈放，是基本工序。

九月初"开清"，是指发酵完成，开缸滤糟。已发酵的谷物变成了酒液，未发酵的酒糟悬浮在酒中，酒体浑浊，需要过滤，过滤之后，酒体清澈，故名开清。

四月初酿造，九月初完工，说明发酵时间是五个月，如此酿成的酒，十有八九是黄酒，假如中间不多次投饭多次发酵的话，酒精度数最多十几度。开缸滤糟，滤过的酒可以马上饮用，是为"新酒"。将新酒高温杀菌，继续封缸，陈放到腊月，叫作"腊酒"。腊酒是老酒，度数比新酒稍高一点，味道比新酒稍稍醇厚一点，但甜度会有所下降。

《水浒传》中，武松上景阳冈打虎之前，在一家小酒馆打尖，酒馆伙计自卖自夸："我家的酒虽是村酒，却比得上老酒的滋味。"他家的虽说是私酿的新酒，但是用料精，手艺好，纯度高，芳香醇厚，堪比陈放的老酒。

从端一到端五

聊过四月，再聊五月。五月有什么传统节日？当然是端午节。

我们现在将五月初五定为端午，古人也将五月初五定为端午，不过在一部

（宋）苏汉臣《五瑞图》，现藏台北故宫博物院

分古人看来，我们把字写错了，应该写成“端五”。

晚唐文人李济翁《资暇集》：“端，始也，仲夏端五，谓五月五日也，今书端午，其义无取。予家元和中端五诏书，无作午字。”

李济翁说，“端”是开始的意思，仲夏端五，即五月初五，大家写成“端午”，是没有凭据地乱写。他们家收藏着一道唐宪宗元和年间（806—820年）端午节颁布的圣旨，写的就是“端五”，而非“端午”。

《岁时广记》第二十一卷“端一日”条也有相关考证：

京师市廛人以五月初一为端一，初二为端二，数以至五谓之端五。洪迈舍人《容斋随笔》云，唐玄宗八月五日生，以其日为千秋节，……“月惟中秋，日在端五”……

北宋开封民间称五月初一为端一，五月初二为端二，五月初三为端三，五月初四为端四，五月初五为端五。据南宋洪迈《容斋随笔》，唐玄宗八月初五那天生日，群臣上表祝寿，贺词里写的是“月惟中秋，日在端五”。可见端五就是初五，五月端午应该写成五月端五。

前面的考证也许靠谱，端午节也许真该写成端五节，但是我们现在都写成端午，改成端五反而感觉怪怪的，还是将错就错好了。

《岁时杂记》载：

京师人自五月初一日，家家以团粽、蜀葵、桃柳、杏子、林檎、李子，焚香或作香印，祭天者以五日。

从五月初一到五月初五，都是北宋开封人端午祭天的日子。用什么祭天呢？用粽子、蜀葵、桃枝、柳枝、杏、林檎、李子做供品，点燃线香或者名贵的香印——用香料捣末和匀压模制成的造型精巧的块香。

《东京梦华录》载：

端午节物，百索、艾花、银样鼓儿、花花巧画扇，香糖果子、粽子、白团、紫苏、菖蒲、木瓜，并皆茸切，以香药相和，用梅红匣子盛裹。

开封人抢购百索、艾草、银样鼓儿花、有画的团扇，还要准备糖果、干果、水果、粽子、糯米团、紫苏、菖蒲、木瓜，以上果子和点心全部切碎，拌上香料，用梅红色的小木盒装起来，作为节礼，互相馈赠。

《东京梦华录》又载：

自五月一日及端午前一日，卖桃、柳、葵花、蒲叶、佛道艾，次日家家铺陈于门首，与粽子、五色水团、茶酒供养。又钉艾人于门上。士庶递相宴赏。

从五月初一到五月初四，开封城内市民与城郊农民抢购桃枝、柳枝、蜀葵（宋朝没有向日葵，所谓葵花，是指蜀葵的花）、菖蒲（或者菖蒲的近亲蒲苇）、艾草。端午那天，将桃枝、柳枝、蜀葵、蒲草、艾叶供养在门口的香案上，用粽子、五色水团、茶汤、黄酒做供品。同时还要用艾草扎成人形，钉在大门上，用来辟邪。这天也是宴请宾客的好日子，士人和百姓都会请亲朋聚饮。

总而言之，宋朝人过端午，过得很隆重，从五月初一起，就在准备节日用品。端午那天，家门口陈设一大堆驱邪和化煞的东西，试图赶走坏运气，换来好彩头。

艾虎，百索，道理袋，菖蒲酒

以上两节引用了太多古文，读起来不顺畅，下面全用大白话，说说宋朝端午节的特色。

现在提到端午节，差不多所有人都会想到粽子、艾叶、龙舟、雄黄酒——这四样东西，似乎成了文化遗产，是传统端午节的必备要素。但宋朝端午节并非如此，当时既不搞龙舟赛，也不喝雄黄酒。

粽子和艾叶，宋朝端午倒是有的。

大宋粽子品类甚多。从造型上分，有三角形的角粽，有圆柱形的筒粽，有橙锤状的橙锤粽，还有九子连环穿成宝塔的九子粽。

从口味上讲，有裹了蔗糖的甜粽，有裹了红枣的枣粽，有裹了板栗的栗粽，有裹了核桃的核桃粽，有加了松子的神仙粽，有拌了香料的香药粽。

从颜色上看，有纯白如玉的白粽，有暗黄似金的黄粽，有用艾草汁染绿的绿粽，有用艾草灰染黑的黑粽，有同一粽子而分五色的五色粽。

宋朝人过端午，粽子不仅是用来吃的，更是用来玩的。亲朋相聚，解粽赌酒——每人发一只用菰叶裹成的粽子，各剥各的，谁剥开的粽叶最长，谁胜出，胜者可以罚负者饮酒。

2018 年暑假，我带孩子去浙江乌镇，端午早已过去二十多天，在许多老屋的大门上仍能看到捆扎的艾叶，原本鲜绿的艾叶完全干枯，但并未被主人取下。一小把艾草，夹着桃枝、柳枝、蒲苇和一颗大蒜，用红线扎成细长的一捆，或者斜插在门环里，或者悬挂在门楣上。

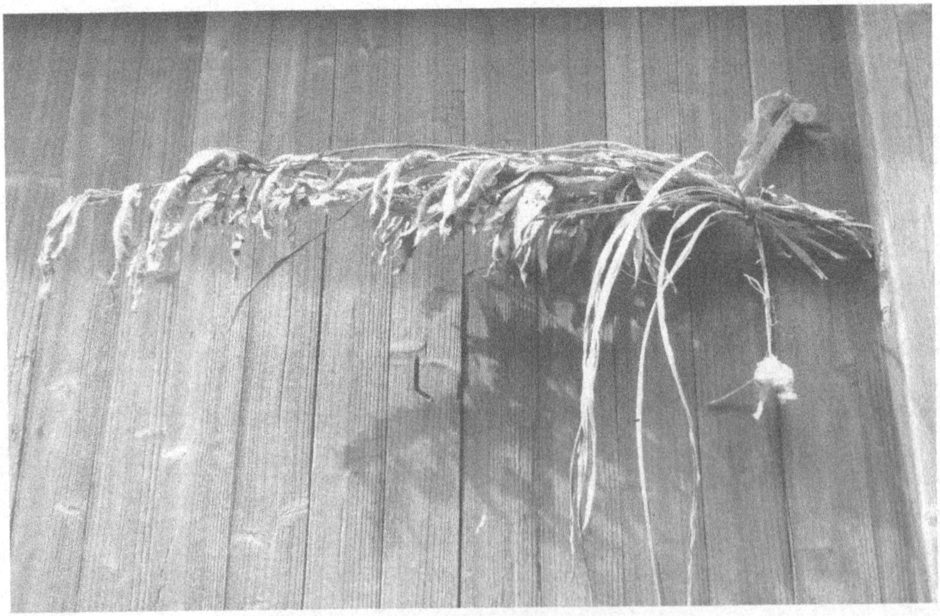

乌镇老街门首的艾草、蒲苇、桃叶与大蒜

宋朝人过端午，也会将艾叶插在门上辟邪。除此之外，他们还会用艾叶、竹子和铁丝扎成一只小老虎，放在大门外，虎尾对着大门，虎头对着大街，这只老虎，叫作“艾虎”。他们相信，艾草能去病，老虎能辟邪，有艾虎镇守家门，百毒不侵，百病不生，百邪不入。

艾虎有大有小。大艾虎可以做成圣诞树那么大，放在门口；小艾虎可以做成小黑豆那么大，插在头上。宋朝市面上出售一种小艾虎，是用碎布拼成的小香包，外面绣着蜈蚣、蚰蜒、小蛇、蝎子、蜘蛛等五种毒虫，里面包着一片艾叶，用簪子穿起来，插在发髻上，行动之间，有如百神护佑。赤贫百姓买不起这种小香包，就捋一把艾叶插在头上。

宋朝端午节，男男女女走出家门，标准装扮是这样子：头上插艾，臂上戴索，额头画雄黄，腰缠道理袋。

臂上戴索，戴的是百索，又叫“合欢索”，用彩色丝线编成，缠在胳膊上。宋朝市民喜欢养猫养狗当宠物，有时也会给宠物戴上合欢索。这种合欢索跟男女情爱没关系，“合欢”是合家欢乐的意思。

额头画雄黄，是用雄黄粉末蘸水，在额头上画一只老虎，或者写一个“王”字，或者再简单一些，只点上一个黄点。

腰缠道理袋，那“道理袋”是用红线掺白线编的小荷包，荷包里装上一小把稻子和一颗李子，有稻有李，谐音“道理”。腰带上干吗要拴道理袋呢？为的是一年都交好运气，时时处处都能碰到讲道理的人，不至于被蛮不讲理的人气坏身体。

道理袋又叫“赤白囊”，因为它是用红线和白线编的，红线为赤，白线为白，象征着赤口与白舌。在宋朝俗语中，“赤口白舌”就是与人吵嘴的意思，端午戴上赤白囊出门，是另外一种厌胜，避免与人吵嘴。有人担心这种厌胜法力不够，道理袋中除了放稻子和李子，还要再加一张纸，纸上写道：

五月五日午时书，赤口白舌尽消除。

五月五日天中节，赤口白舌尽消灭。

这就好比现在孩子闹夜，父母受不了，脑子短路，找一张白纸，写一句咒语，半夜无人时，偷偷贴到外面电线杆子上：

天皇皇，地皇皇，我家有个夜哭郎，过路君子读三遍，一觉睡到满天光！

据说只要被过路人看到，以后孩子就不再闹夜了。

现在中国人过端午，有人饮用雄黄酒，以为是遵循古制，恢复传统。但在宋朝，应该没有这项传统。宋朝端午节喝的酒，是菖蒲酒，不是雄黄酒。

菖蒲生长于水边，叶片宽大，果实丰硕，饱满有棱角，跟秋葵很像，剥开厚皮，里面是白色的种子，初尝微甜，回味苦涩。据《吕氏春秋》记载，周文王在世时，非常爱吃菖蒲的种子，孔子崇拜文王，也学着吃，刚开始吃不下，缩着脖子往下咽（原文是“缩颈而食之”），连吃了三年，才爱上这个味道。

宋朝人将菖蒲的种子晒干，磨粉，泡进黄酒，就成了端午节的佳酿。2018年端午节，我在开封西湖边摘下几枚菖蒲果，剥皮取仁，捣碎泡酒，有一股酸涩的味道，并不好喝。也许宋朝人泡菖蒲酒时，只用往年成熟且晒干的菖蒲果，而我用的是尚未成熟的新果，所以达不到宋朝的风味。

或许宋朝的菖蒲酒也不好喝，但不管多难喝，都胜过雄黄酒。

我们知道，雄黄是一种矿物，主要成分是四硫化四砷，但在开采和提炼的过程中，必不可少地要出现一些其他成分，包括汞和砒霜。砒霜有剧毒，汞有毒，四硫化四砷有微毒，它们三者组成的天然矿物雄黄，不可能没有毒。也正因为它有毒，所以才能以毒攻毒，赶跑伤口上的细菌、溃疡中的病毒、家门口和床底下肆虐的蚊虫和毒蛇。

古人碰巧发现雄黄有止痒、消肿和驱虫的功效，而端午节恰逢天气炎热、毒虫盛行，所以尝试用雄黄泡酒，喝一口，抹两口，洗洗手，泡泡脚，希望靠这一招儿来去病消灾。不过我查阅最近十年以来《中国中药杂志》上登载的与雄黄药性有关的论文，几乎都认为雄黄不适合作为药用，因为它的药性很不明显，而副作用却非常大。

明清时期，南方人过端午节，雄黄酒简直就是标配。而在宋朝，雄黄酒尚未流行。

至于我们现代人，为了健康，请远离雄黄酒，不要用雄黄酒洗手泡脚，更不要用这种带毒的粉剂在孩子脸上画老虎或者写“王”字。也许那是传统，但传统未必都是好的啊！

夏至百家饭，三伏颁冰时

端午在农历五月，夏至通常也在农历五月。

比如说，2019 年夏至在五月十九，2020 年夏至在五月初一，2021 年夏至在五月十二，2022 年夏至在五月二十三，都是农历五月份。

在个别年份，夏至还有可能与端午重合。例如，1909 年夏至、1977 年夏至，以及大半个世纪以后 2072 年的夏至、2091 年的夏至，都在五月初五。

端午是一个节日，夏至是一个节气，这个节气是太阳直射北回归线的日子，是北半球上白天最长而黑夜最短的日子，当然也是北方大部分地区进入炎热天气的日子。

北宋开封过夏至，有一项特殊的习俗：吃百家饭。夏至到了，天越来越热了，吃一顿百家饭，据说能避免中暑。

宋代缂丝《溪亭消夏图》，现藏台北故宫博物院

什么是百家饭？是从一百户人家那里讨要的饭菜吗？差不多就是这个意思。譬如一个社区几百户

人家，夏至那天各做各的饭，每户都将自家的饭菜分送一百户，大家都能吃到百家饭。可是分送一百户实在太麻烦，能把腿跑断，大热天的，送来送去，百家饭没吃到，保不齐在路上就中暑了。所以《岁时杂记》有载：

百家饭难集，相传与姓柏人家求饭以当之。有医工柏仲宣太保，每岁夏至日，炊饭馈送知识家。

搜集百家饭太难了，于是寻找替代方案，去姓柏的人家讨要——从柏家讨要的饭，可不就是百家饭吗？开封有一位医生姓柏，每年夏至，他们家都要做很多很多饭，分送给他的老病号。

这位柏医生是个热心肠，值得点赞。他是医生，医生家的饭未必就有医学价值，但只要病人相信柏家饭可防中暑，那就真的能防中暑。纵观几千年来的人类医疗史，安慰剂不是一直在起作用吗？

其实夏至还不是最容易中暑的时候，夏至后面的三伏天更热，更容易中暑。

何谓三伏？初伏、中伏、末伏。伏是降伏的伏，被炎热降伏。谁被炎热降伏呢？金木水火土里的金。

众所周知，金克木，木克土，土克水，水克火，火克金。酷暑炎热，仿佛大火，火能克金，金被降伏，吓得藏在土里不敢露头。所谓三伏天，本义就是金被降伏，不敢出头的三个阶段。

这三个阶段究竟是哪三个阶段？古人结合干支记日和五行生克的原理，将夏至过后的第三个庚日定为头伏的开端，将第四个庚日定为中伏的开端，将立秋过后的第一个庚日定为末伏的开端，其中头伏十天，末伏十天，中伏十天或者二十天。

为什么三伏的开端都是庚日呢？因为庚对应金。甲、乙、丙、丁、戊、己、庚、辛、壬、癸，分别对应金、木、水、火、土。甲和乙都是木，丙和丁都是火，戊和己都是土，庚和辛都是金，壬和癸都是水。五行又分阴阳：甲为阳木，相当于参天大树；乙为阴木，相当于花花草草。丙为阳火，相当于熊熊烈火；丁为阴火，相当于磷磷鬼火。戊为阳土，相当于大漠风沙；己为阴土，相当于灶底细灰。庚为阳金，相当于金戈铁马；辛为阴金，相当于首饰挂件……古人用庚日来确定伏日，隐含了这样一种意思：暑天太热，阳火太盛，连庚金这类大型金属器具都会被烧化。

我们以 2019 年为例，具体来看如何推算三伏。

2019 年夏至在五月十九，这天是己丑日。从这天往后查，第一个庚日是五月二十，第二个庚日是五月三十，第三个庚日是六月初十，第四个庚日是六月二十，OK，初伏的开端（六月初十）和中伏的开端（六月二十）都找到了。2019 年立秋在七月初八，此后第一个庚日是七月十一，末伏的开端也找到了（七月十一）。

所以，2019 年初伏是六月初十到六月十九，中伏是六月二十到七月初十，末伏是七月十一到七月二十一。

在中国北方大多数地区，三伏是一年当中最热的三十天或者四十天。宋朝皇帝厚待官员，为了不让大家中暑，能休假的官员一律休假，而那些不能休假的臣子，可以定期得到“颁冰”的赏赐。

《岁时广记》第二十四卷“颁麨面”条：

自初伏日为始，赐近臣冰，人四匣，凡六次。

从初伏开始，定期赐给近臣冰块，每人发四盒，总共发六次。推想起来，大概初伏发两次，中伏发两次，末伏再发两次，每次发四盒，总共二十四盒。

古代没有电冰箱，没有造冰的机器，皇帝颁冰，冰从何来？其实是冬天从结冰的河面上凿下来的。冬天凿下来，藏入冰窖，第二年夏天取出，冰块几乎还没化，可以用来降温，用来保存食物，用来制作冷饮。

凿冰和藏冰的历史，至少从周朝就开始了。寒冬时节，冰冻三尺，凿冰的工人走到冰面上，先用锋利的铁镐划出横平竖直的大线，纵横交叉，非常规整。

然后，从画线的地方开始凿，先远后近，手要稳，眼要准，力要狠，凿出来的冰块，方方正正，不能崩角儿，不能断裂。每凿下一块冰，都要用钩子钩住，拉到冰面上，推到大车上，运到冰窖之中。

两宋都城分布着许多冰窖，共分三种：一种是宫廷冰窖，供应皇宫和近支宗室；一种是府邸冰窖，是王公贵族建的，专供自己家用；一种是商民冰窖，服务于商家和百姓，既批发也零售。

商民冰窖里的冰，分为三六九等。块儿大，方正，取冰的河面干净，杂质少，这种冰肯定贵；块儿大，方正，杂质多，化开一摊黑泥，这种冰肯定不那么贵；凿冰和运送时手法不当，有崩角儿，又有泥沙的，最便宜。

宋朝人做冷饮，乃至元明清时期的人做冷饮，用的都是天然冰，取自天然水域，看起来晶莹剔透，一旦化开，能见到一些泥沙，甚至还会含有水生生物的尸体和分泌物。所以，千万不要认为古代的饮食都是健康的。

《宋史》第三百八十五卷载有宋孝宗和礼部侍郎施师点的一段对话。宋孝宗说："朕前饮冰水过多，忽暴下，幸即平复。"朕前几天吃冷饮吃得太多，搞得拉肚子，幸好很快痊愈了。

第六章

从立秋到重阳

楸叶报立秋

立秋，二十四节气当中的第十三个节气，通常在农历六月底或者七月初，这一天被古人当作秋天的起点。

宋朝人过立秋，要饮秋水，还要戴楸叶。

秋水不是水，是用赤小豆加糖熬煮的红豆汤。

楸叶呢？自然是楸树的叶子。楸树高大挺拔，绿叶红花，叶片心形，落得早。秋风一起，满树楸叶缓缓飘落，暑热退散，秋凉渐至，天地间隐隐生出肃杀之气。宋朝人捡起地上的楸叶，剪出花样，戴到头上去。

（宋）郭熙《秋山行旅图》，现藏台北故宫博物院

《东京梦华录》写北宋开封习俗：

立秋日，满街卖楸叶，妇女儿童辈，皆剪成花样戴之。

立秋那天，商贩满街兜售楸叶，妇女和儿童买来，剪成花样，戴到头上。

《武林旧事》写南宋杭州习俗：“立秋日，都人戴楸叶，饮秋水、赤小豆。”立秋那天，杭州人戴楸叶，喝红豆汤。

如果身边没有楸树，也可以用梧桐的叶子来代替楸叶，因为梧桐也是一入秋就落叶。《梦粱录》第四卷有载：

太史局委官吏于禁廷内，以梧桐树植于殿下。俟交立秋时，太史官穿秉奏曰：

“秋来！”其时梧叶应声飞落一二片，以寓报秋意。

快入秋的时候，负责制定历法的太史局官员会从外面刨一棵梧桐树，移栽到宫殿之下。立秋早朝，太史局官员出班上奏：“报告皇上，秋天到了！”刚说完这句话，那棵梧桐树上就有一两片叶子应声飘落，非常神奇。

很多朋友过于崇古，总觉得古人在天文和历法方面掌握着我们无法掌握的某些奥秘，而这些奥秘又往往跟“天人感应”“天人合一”有关。

比如说，按照古籍描述，皇家天文官有一手“葭灰占律”的绝活儿，能让律管报告节气。具体做法如下：

铸造十二根铜管，长短粗细不等，分别对应一年当中的十二个主要节气。将芦苇剖开，取出内膜，烧成灰，一小撮一小撮地摁到那十二根铜管里去，再把铜管整整齐齐地码到密室里，开口朝上，并排竖放。然后呢？耐心等，直到有一天，噗，某个铜管里的芦灰自动飞出来；再过个把月，噗，又一个铜管里的芦灰自动飞出来……你不用观测天象，也不用推算日期，只看着铜管就行了，哪根铜管里的芦灰往外飞，就说明哪根铜管对应的节气到了。

据说，从先秦到清初，“葭灰占律”沿用了大约两千年，可惜在清朝失传了。现在中国极个别崇古派的科学家认为，气应灰飞可能与日地引力的周期性变化有关，是一种物理共振现象，古人用铜管占测物候，是一种极其超前的智慧，既反映了天人合一的伟大思想，又是普遍适用于电场、磁场、生物圈乃至宇宙天体的共振规律，需要我们发扬光大。但是迄今为止，还没有任何一个科学家或科研机构能在实验室中成功复现葭灰占律，所以想发扬光大也没有机会。

事实上，早在明朝，就有学者将葭灰占律判定为精心设计的骗人把戏，是历代天文官为了保住饭碗和脑袋而集体造假的结果。清朝初年，天文官的骗局已经被揭穿，原来他们在铜管中巧设机关，灌入可以化合生热的几种药剂，等节气一到，就在密室外牵动机关，使对应铜管里的药剂混合，发生化学反应，产生热气，将芦灰喷出来。所以从康熙年间起，中国皇家就彻底废除了葭灰占律这一看似巫术实则骗术的悠久传统。

现在我们回到宋朝，回到立秋，回到太史官上奏之时。您觉得，太史官一说“秋来”，梧桐叶就应声飘落，这是传说中的“天人感应”在起作用呢？还是太史官预设了机关呢？

反正我不信什么天人感应。

我敬畏上天，敬畏大自然，但我敬畏的是自然规律，是科学常识，是可以推算、可以验证、可以复现的方法和理论，而不是古代骗子和现代骗子打着天人感应的旗号搞出来的巫术、魔术和骗术。

七夕摩睺罗

与立秋离得最近的节日，应该是七夕。

七夕有时在立秋之后，有时在立秋之前，哪年碰巧了，立秋那天就是七夕，七夕那天就是立秋，节气和节日在同一天欣然会面。当然，这个概率很低，比牛郎和织女会面的概率还要低。

秦观秦少游填过一首《渔家傲》：

七夕湖头闲眺望，风烟做出秋模样。不见云屏月帐，天滉漾。龙辀暗渡银河浪，二十年前今日况。玄蟾乌鹊高楼上，回首西风犹未忘。追得丧，人间万事成惆怅。

这首词的题目是“七夕立秋”。“七夕湖头闲眺望，风烟做出秋模样”，说明他填这首词的那一年，恰好是立秋和七夕会面的一年。秦少游生于1049年，死于1100年，我查《万年历》，在秦少游一生当中，立秋和七夕确实会合过一次，那是宋神宗元丰八年，公元1085年7月31日，既是立秋，又是七月初七。那一年，秦少游三十七岁。

秦少游填过的词当中，有一首《鹊桥仙》非常出色，也非常出名，估计很多朋友都会背。即使背不全整首，至少也能背诵最后两句。我把这首词抄下来，大家不妨温习一下：

纤云弄巧，飞星传恨，银汉迢迢暗度。金风玉露一相逢，便胜却人间无数。

柔情似水，佳期如梦，忍顾鹊桥归路。两情若是久长时，又岂在朝朝暮暮。

很明显，这是一首关于爱情的作品，写的是牛郎和织女的爱情。现在七夕被视为“中国情人节”，人民群众丝毫不觉得牵强，正是因为七夕当晚牛郎和织女相会的传说历久弥新，深入人心。

不过假如我们穿越到宋朝过七夕，看到的爱情戏可能会很少很少，“乞巧”和“乞聪明”的场面可能会很多很多。

乞巧是女生的戏份，乞聪明是男生的戏份。《岁时广记》第二十七卷记载：

七夕，京师诸小儿各置笔砚纸墨于牵牛位前，书曰：“某乞聪明。”女子致针线箱笥于织女位前，书曰：“某乞巧。”

七月初七晚上，北宋开封正在上学的小男孩们将笔墨纸砚供在牛郎牌位前，纸上写自己的名字和愿望：“某某祈求牛郎，求您让我变得更聪明。”学习女红的女生们则将针线笸箩供在织女牌位前，也在纸上写出自己的名字和愿望：“某某祈求织女，求您赐我一双巧手吧。”

宋代刺绣观音像，现藏台北故宫博物院

乞巧拜织女，乞聪明拜牛郎，祭拜牛郎织女之时，最好设下香案，案上铺一层楝叶，楝叶上摆放瓜果点心，以示恭敬。《岁时杂记》载：

京师祭牛女时，其案上先铺楝叶，乃设果馔等物，街市唱卖铺陈楝叶。

楝叶是楝树的叶子，这是北方平原上极为常见的高大乔木，暮春开花，深秋落叶，叶子有杀虫功效。我记得小时候，跟着祖父住在西瓜地里，瓜庵低小潮湿，蚊虫甚多，祖父在麻绳编织的小床上为我铺过厚厚一层楝叶。

楝叶可以摘到，就算摘不到，也买得到，价格必定特别便宜。宋朝七夕有一样东西比较费钱，但又必须买，这样东西叫“磨喝乐”。

（宋）佚名《秋瓜图》，现藏台北故宫博物院

《东京梦华录》云：

七月七夕，京城潘楼街东、宋门外瓦子、州西梁门外瓦子、北门外、南朱雀门街及马行街内，皆卖磨喝乐，乃小塑土偶耳。悉以雕木彩装栏座，或用红纱碧笼，或饰以金珠牙翠，有一对直数千者。

七月初七晚上，北宋开封潘楼街东、宋门外瓦子、州桥以西梁门外瓦子、北门外、朱雀门南大街以及马行街等地段，都有商贩出售磨喝乐。所谓磨喝乐，实际上是一种玩偶娃娃，下有木雕底座，外罩红纱碧笼，有的还用金银首饰来装饰，成对出售，一对能卖几千文。

《东京梦华录》又云：

贵家多结彩楼于庭，谓之乞巧楼，铺陈磨喝乐、花瓜、酒炙、笔砚、针线，或儿童裁诗，女郎呈巧，焚香列拜。

七月七那天，开封富人在自家院子里扎一座彩楼，叫作“乞巧楼”，楼上供奉牛郎织女，楼下陈设香案，小孩和妇女跪在香案前，焚香祭拜，香案上有花有果，有酒有肉，有笔墨纸砚，有女红针线，还有磨喝乐。这说明，磨喝乐也是祭拜牛郎织女的供品之一。

“磨喝乐”一词，是汉语对外来语的音译，在宋朝文献中译法不一，有的写成“摩喝乐”，有的写成“魔合乐”，有的写成“暮合乐”，还有的写成“摩睺罗”，简称“摩罗”。

《武林旧事》第三卷“乞巧”条：

七夕前，修内司例进摩睺罗十卓，每卓三十枚，大者至高三尺，或用象牙雕镂，或用龙涎佛手香制造，悉用镂金，珠翠，衣帽、金钱、钗镯、佩环、真珠，须发及手中所执戏具，皆七宝为之，各护以五色镂金纱厨。制阃贵臣及京府等处，至有铸金为贡者。

七夕之前，专门负责制造大内用具的修内司（相当于清宫内务府麾下的造办处）按照惯例，要造出十桌摩睺罗，每桌三十个，共三百个。这些摩睺罗有大有小，最大的高一米左右，与幼童一般大小。材质也不一样，有的用整根象牙雕刻而成，有的用整块龙涎香雕刻而成。无论何种材质的摩睺罗，一律镂金，用珍珠和孔雀毛做衣服，头戴金钗，腕佩玉镯，摩睺罗手中拿的玩具也用金银、琉璃、砗磲、玛瑙等珍贵材料制成。各路制置使、安抚使、安抚大使等军区长官，以及临安知府等高级文官，也要向大内进贡摩睺罗，为了得到皇帝的欢心，有人甚至用纯金来打造。

如此贵重的玩偶娃娃，穷苦百姓肯定买不起，他们只能买泥娃娃，或者买蜡娃娃。两宋时期，泥娃娃制作最精巧的地方是平江府，也就是现在的苏州。查明修《姑苏志》，第五十六卷称：

（宋）袁遇昌居吴县木渎，善塑化生摩睺罗，每抟埴一对，价三数十缗，其衣襞脑囟，按之蠕动。

宋朝有一个巧手匠人袁遇昌，住在苏州木渎镇，擅长制作摩睺罗，每捏一对，价值三千文到几万文，若按北宋承平时节铜钱的购买力，三千文相当于现在人民币两千元。一对泥娃娃而已，凭什么卖这么贵呢？因为袁遇昌的手艺太高明了，他的泥娃娃居然暗藏机关，摸摸衣服会动，按按头顶也会动，简直像真娃娃一样。

蜡娃娃的工艺要简单得多，宋朝市面上有现成的模具，买一副带回家，将黄蜡熔化，灌入，冷却后打开模子，就是一对成型的蜡娃娃，可以给小孩子当玩具。怎么玩呢？弄一大盆水，将蜡制摩睺罗放进去，载沉载浮，仿佛现在的塑料娃娃。

《岁时广记》第二十六卷称：

七夕以黄蜡铸为牛女人物，及凫雁、鸳鸯、鸂鶒、鱼龟、莲荷之类，彩绘金缕，谓之水上浮。

用熔铸黄蜡之法，除了可以塑造摩睺罗，还可以塑造牛郎织女，以及大雁、野鸭、鸳鸯、紫鸳鸯、金鱼、乌龟、莲花、荷叶等水生动植物。将这些蜡制玩具涂上颜色，放在水盆中，名曰“水上浮”。

宋代玉鸭，现藏台北故宫博物院

七夕是爱情的节日，不是求子的节日，更不是儿童节，摩睺罗这种玩偶娃娃和水上浮等儿童玩具为什么会流行呢？

当代史学家邓之诚先生为《东京梦华录》作注，认为摩睺罗即罗睺罗，而罗睺罗是释迦牟尼的儿子。宋朝佛教昌盛，佛教世俗化加深，人们在七夕购买摩睺罗，是对佛子罗睺罗的纪念。罗睺罗幼年即出家，所以摩睺罗也是幼童的样子。

我觉得邓先生的说法很有道理。

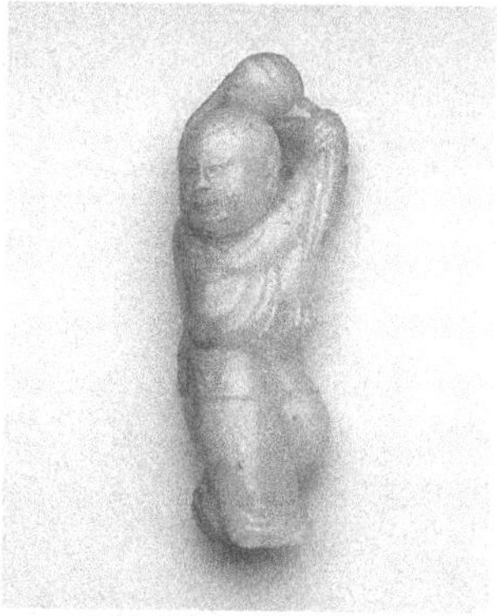

宋代玉童子，手擎荷叶，疑即摩睺罗造型，现藏台北故宫博物院

中西合璧七月半

七夕摩睺罗究竟是不是佛教文化影响的产物呢？我不敢说一定是。但我可

以肯定，七月十五中元节一定受了佛教文化的影响。

七月十五中元节，又名“鬼节”“盂兰盆节”“盂兰节”，这是一个中西合璧的节日，先后被染上了儒教、道教与佛教的色彩。

七月十五，古称“小秋”，意思是秋天过了一小半，一部分庄稼成熟了，可以拿来祭告先祖。早在周朝，我们就有小秋祭祖的传统，只不过尚未固定在七月十五而已。

汉魏时期，道教兴旺，将正月十五、七月十五、十月十五这三天定为上元、中元、下元，并拿出道教神仙里的三官与三元相配，又将小秋祭祖固定在中元，也就是七月十五。从此以后，七月十五不仅要祭祖，还要敬天，要请道士打醮，请神仙赐福。

隋唐时期，佛教发展成熟，大部分佛教经典都被翻译出来，印度佛教中的盂兰盆法会也在中土生根发芽，与我们七月十五敬天祭祖的传统结合在了一起。

按照《盂兰盆经》，佛陀有一个神通广大的弟子目犍连，简称目连，用天眼神通观察地狱，看见自己的母亲在那里受难：身体被倒吊起来（“盂兰盆”的梵文本义就是“倒悬”），饥渴难忍，无论吃到什么食物，都会在喉咙里变成火焰。目连使用各种神通来解救母亲，都失败了，他恳求佛陀帮忙。佛陀说：“你母亲生前恶业深重，我的法力也无法救她，除非她自己悔改，你再做一场法事来超度她。”目连遵从佛陀的教导，在七月十五那天大做法事，超度母亲以及一切饿鬼，帮助母亲脱离了苦海。

儒家提倡孝亲，目连救母的故事刚好也能体现孝道，我们固有的文化与佛教文化一拍即合，七月十五中元节在敬天祭祖之外，又多了一层施舍饿鬼、超度冤魂的悲悯色彩。

《岁时广记》第三十卷详细介绍了宋朝人中元祭祖和施舍饿鬼的仪式，原文比较晦涩，用白话文转述如下：

祭祖用桌子，桌上铺一层楝叶（这一点与七夕祭拜牛郎织女相似），楝叶上陈设瓜果、鲜花、田地里刚刚收获的谷物。桌面有四个角，捆扎四小捆芝麻秆儿，分别压在四个角上。桌子有四条腿，每条腿上也绑一小捆芝麻秆儿。将祭桌收拾齐整，抬到已经亡故的父母长辈的牌位前面，拈香叩头三次，将线香插在祭桌上，最后再叩头一次，礼成。

宋朝人祭祖，平常是有酒的，但中元祭祖没有酒，也没有肉，纯素。为何不用荤酒做供品呢？因为宋朝中元节的佛教气氛很浓，佛教戒杀生，戒饮酒。

为什么要用芝麻秆儿来装饰祭桌的四个角和四条腿呢？《岁时广记》没有给出解释，我们大胆猜测，可能是因为芝麻秆儿比较吉利——芝麻开花节节高嘛！

祭过祖，再施舍饿鬼。后者仪式简单，普通老百姓施舍饿鬼，不用请高僧做法，不用搭彩棚放焰口，只需要上街买一个“盂兰盆”，买一幅目连的画像，再买一挂纸钱。“盂兰盆”是梵语音译，本义“倒悬”，引申义“受苦”，可是到了宋朝，这个外来词被误读，被当成一种实实在在的盆状器皿。当时街市上出售的盂兰盆，用竹子做成：一根竹子，顶端劈成四五个分叉，将分叉掰开，中间卡住一只竹圈，用纸糊底，即成简易的高脚盆子。在盆底撒几粒煮熟的大米或者黄米，放一幅目连画像，在分叉上挂一串纸钱，用火点燃，一起烧掉。

大宋朝廷相当重视中元节，规定每年七月十四、七月十五、七月十六放假，让大家回家祭祖，焚烧盂兰盆。北宋前期，宋太祖和宋太宗在位时，开封中元节甚至像元宵节一样，有连续好几天的大型灯展。宋太宗淳化元年（990年）起，朝廷可能觉得中元节应该是一个鬼气森森的节日，不应该搞得那么热闹，于是取消了中元节的灯展。

大宋中秋无月饼

鬼气森森的中元节过后一个月，便是仙气满满的中秋节。

我先剧透一下：宋朝中秋节，没有月饼。

据说苏东坡写过一首关于月饼的诗，只有四句：

小饼如嚼月，中有酥与饴。

默品其滋味，相思泪沾巾。

小巧精致的月饼，像月亮一样浑圆，里面包着奶油（酥）和糖稀（饴）。奶油很腻，糖稀很甜，放了奶油会很软，这种月饼我喜欢。

可惜的是，苏东坡没有写过这首诗。我的意思是说，这首关于月饼的诗完全是后人伪造的，原因如下：

第一，这首诗根本不押韵，无论按照今韵还是按照古韵，它都不押韵。凭苏东坡的才华，他会水平低劣到去写一首不押韵的诗吗？

第二，1982年中华书局编撰《苏轼诗集》，2001年曾枣庄主编《三苏全书》，2004年孔凡礼付梓《三苏年谱》，已经将所有存世的东坡诗词都纳入囊中，其中《三苏全书》还专章收录了未能终篇的诗词以及可能是伪作的诗词，都没有这首所谓的月饼诗。

第三，从现存的宋朝食谱和风俗文献可以看出，宋朝人在中秋节期间并没有吃月饼的习俗。

南宋金盈之《新编醉翁谈录》载有《京城风俗记》，那时候过中秋，流行少男少女拜月，合家聚餐吃瓜果，餐桌上不见月饼。

宋元话本《错认尸》里也有都城市民过中秋的场景："忽值八月中秋节时，高氏交小二买些鱼肉、果子之物，安排家宴。"仍然不见月饼。

南宋遗老周密所作《武林旧事》中倒是出现了"月饼"一词，但是它出现在"蒸作从食"一章，与馒头包子放在一起，估计是蒸熟的，而不是像后来真正的月饼那样烤制而成。同书第三卷描写全年风俗，中秋期间仍然是赏月吃瓜果，餐桌上不见月饼。

文献中真正出现月饼，可能要到明代。宛平县知县沈榜所作的《宛署杂记》中说："士庶家俱以是月造面饼相遗，大小不等，呼为月饼。"崇祯年间太监刘若愚所作的《酌中志》记载："八月，宫中赏秋海棠、玉簪花。自初一日起，即有卖月饼者……至十五日，家家供奉月饼、瓜果。"

根据民间传说，月饼是元末明初时发明的：老百姓受不了蒙古人的野蛮统治，纷纷起事，策动者用浑圆如满月的馅饼做信物，馅饼里暗藏"八月十五杀鞑子"的纸条，分送各家各户，相约在中秋那天起兵抗元。后来蒙古人被赶跑了，明朝建立了，月饼也就作为胜利的见证被传下来了。这个传说妇孺皆知，但不见于史籍，未知真伪。

宋朝中秋无月饼，但是就宋朝人在制作面点和糕点方面的成熟技艺，他们完全有能力加工出真正的月饼。

且看南宋食谱《吴氏中馈录·酥饼方》：

油酥四两，蜜一两，白面一斤，溲成剂，入印，作饼，上炉。或用猪油亦可，蜜用二两尤好。

这里"油酥"可能是奶油，也可能是在蒸过的面粉里掺入猪油或者植物油以后揉成的酥软面团。四两油酥、一两蜂蜜、十六两白面，揉成面剂，放进模子，出模成型，上炉烤熟，除了没有馅儿外，它已经是相当酥软相当香甜的月饼了。遗憾的是，宋朝食谱给它取的名字是"酥饼"，不是"月饼"。

我再简单概括一下我的观点：

第一，宋朝人已经掌握加工月饼的基本工艺；

第二，宋朝人过中秋节没有吃月饼的习俗；

第三，宋朝有一种面食名叫"月饼"，这种面食不同于我们心目中的月饼，它也不是宋朝中秋的节令食品。

杯中茱萸酒，头上重阳糕

中秋过后是重阳。

关于重阳节，有一首最著名的唐诗：

独在异乡为异客，每逢佳节倍思亲。

遥知兄弟登高处，遍插茱萸少一人。

这是王维写的，题为《九月九日忆山东兄弟》，反映了唐朝重阳的两个习俗：登高、插茱萸。

从唐朝到宋朝，习俗变了不少，重阳登高的风气还在，茱萸却不再插了。

茱萸，开黄花，结红果，落叶小乔木，重阳节时，小红果挂满枝头，长而圆，仿佛一树热情似火的观赏辣椒。唐朝人将一枝茱萸剪下来，不但插在高岗上，而且插在头上，男男女女满头红果。可是在宋朝呢？人们头上插的不是茱萸，而是菊花。

金代定窑菊瓣百褶盘，全高2.3厘米，口径21.3厘米，底径13.4厘米，现藏台北故宫博物院

宋朝诗人王洋写道：

一岁又闻禾黍熟，百年惟喜甲兵休。

人生佳节真难遇，莫惜重阳菊满头。

另一位宋朝诗人刘季孙写道：

四海共知霜鬓满，重阳曾插菊花无。

聚星堂上谁先到，欲傍金樽倒玉壶。

宋朝还有一位王诜王驸马，是苏东坡的好朋友，他在词中写道：“戴了黄花，

强饮茱萸酒。”这里的“黄花”也是菊花，重阳节时，戴到头上。

苏东坡词中写得更明确：

与客携壶上翠微，江涵秋影雁初飞，尘世难逢开口笑，年少，菊花须插满头归。

这首词调寄《定风波》，标题是“重阳括杜牧之诗”。

苏东坡的门生黄庭坚也填过内容相似的词：

节去蜂愁蝶不知，晓庭环绕折残枝，自然今日人心别，未必秋香一夜衰。

无闲事，即芳期，菊花须插满头归。宜将酩酊酬佳节，不用登临送落晖。

唐朝重阳插茱萸，宋朝重阳戴菊花，那茱萸在宋朝是不是退役了呢？并没有。《岁时广记》第三十四卷“茱萸酒”条：

北人九月九日以茱萸研酒，洒门户间辟恶，亦有人入盐少许而饮之。男摘二九粒，女一九粒，以酒咽者，大能辟恶。

宋朝北方人过重阳节，将茱萸的果实研碎，泡在酒里，洒到门窗上，据说可以辟邪。也有人在茱萸酒里撒少许盐，喝下去。用茱萸泡酒有讲究，男人要泡十八颗茱萸果，女人则减半，倘若数目不对，则辟邪效果不佳。

宋朝重阳节，喝的是茱萸酒，吃的是重

宋代缂丝《盆菊诗意帘》，现藏台北故宫博物院

阳糕。

据《东京梦华录》，北宋开封重阳前一两天，人们互赠重阳糕，该糕用米粉和面粉做主料，掺入松子、栗黄、银杏肉、石榴籽儿，捏成文殊菩萨骑狮子的造型，再用绸布剪成小旗，插在狮子头上。

而据《岁时杂记》，还有一种重阳糕叫作“万象糕”，在糕上装点许多泥捏的小象。万象糕的谐音是“万象高”，意思是万事万物都能交到好运气。又有一种“食禄糕”，在糕上装点面塑的小鹿。鹿与“禄”同音，小孩子吃了这种糕，长大能食禄，也就是做官。

《新编醉翁谈录》第四卷则说，九月初九天刚亮，父母切一片重阳糕，放到孩子头顶上，念念有词祝告道：“百事皆高，百事皆高，百事皆高！”这些望子成龙的家长希望自家孩子各方面都优秀，不能输给别人家孩子。

第七章

十冬腊月

十月初一暖炉会

现代泥塑再现宋朝街景，拍摄于河北唐山麻龙湾《清明上河图》泥塑园

十月初一不是节日，胜似节日。

进入十月就等于进入冬天，所以十月初一成了皇帝赏赐寒衣的日子。从宗室子弟到太监头领，从大内侍卫到边关将士，以及一切有爵位的贵戚和大臣，都能获得御赐的锦袍和布匹。

既然进入十月等于进入冬天，所以十月初一也成了皇帝恩准使用火炉的日子。老百姓用火炉没人管，只要你烧得起柴火和煤炭，想怎么用就怎么用，一年三百六十五天烧炉子都没问题。后宫嫔妃和各级衙门则不能随便用火炉。第一，随便生炉子，容易引发火灾；第二，后宫和衙门的燃料是要靠公家供应的，如果不限制使用时间，会造成巨大浪费。从十月初一起，到正月三十止（如正月为小月，则到正月二十九），后宫、内侍省、翰林院、政事堂、枢密院、御史台、太仆寺、光禄寺、宗正寺、大理寺、国子监、少府监、将作监、司天监，以及地方上的转运司、提刑司、常平司、经略安抚司、府衙、州衙、县衙……都可以生起炉子取暖，其他时间则不行，除了伙房里做饭和烧茶，任何地方不许开炉。

宋朝皇帝温情脉脉，待大臣如亲友，《岁时杂记》称：

朝堂诸位自十月朔设火，每起居退，赐茶酒，尽正月终。每遇大寒阴雪，就漏舍赐酒肉。

政事堂是宰相和副相的办公场所，从十月初到正月底，相臣们在政事堂值班时，每天都能得到皇帝赏赐的热茶和温酒。碰上大雪天气，相臣们凌晨上朝，在待漏院等候皇帝，皇帝不忍心他们受冻，会派太监去待漏院送酒送肉，为这些臣子补充热量。

地方小官和平头百姓当然没资格得到御赐的酒肉，但是他们可以自得其乐，在十月初一这天与亲朋好友热热闹闹地小聚一番。《岁时杂记》称：

京人十月朔，沃酒及炙脔肉于炉中，围坐饮啖，谓之暖炉。

北宋开封人在十月初一那天，生起火炉，烫酒烤肉，一帮人围着炉子畅饮，这种宴会叫作“暖炉会”。

另据《岁时广记》记载，十月初一还是北宋开封人上坟祭祖的日子：

十月朔，都城士庶皆出城飨坟，禁中车马出道者院，及西京朝陵，宗室车马亦如寒食节。城市内外已于九月下旬卖冥衣靴鞋席帽衣段，以备此朔烧献。

上至皇室，下至百姓，十月初一那天都赶着车马出城上坟，如同寒食节。所以从九月下旬起，开封城里和城郊都有人售卖冥衣冥币，供这天上坟祭祖之用。

冬至大如年

（南宋）马远《晓雪山行图》，现藏台北故宫博物院

冬至是一个节气，通常在农历十一月到来。

在现代，冬至平平常常，北方人过冬至，无非吃一顿饺子而已，为的是在一年当中最冷的时节祛寒——据说吃饺子可以避免冻掉耳朵。南方一些地区稍微隆重一点，一要祭祖，二要“烧腊”，即在正餐汤圆之外再加一顿冬至肉。

所以现代人可能想象不到，宋朝人过冬至，竟然非常隆重，隆重到了几乎能跟新年相媲美的地步。

其实这也不奇怪，因为古人重视冬至是有历史渊源的。早在周朝立国之后不久，那位不世出的大政治家周公就将冬至定为一年的开端，这个规矩直到汉朝的汉武帝当政后才取消。

也就是说，冬至之所以被重视，是因为它曾经被重视。冬至之所以被过得像新年，是因为它曾经被过得像新年。

《武林旧事》云：“都人最重一阳贺冬。”意思是南宋首都杭州的市民最重视冬至。有多重视呢？“妇人小儿，服饰华炫，往来如云。”新年要穿漂亮衣服上街，冬至也要穿上漂亮衣服上街。“岳祠城隍诸庙，炷香者尤盛。”新年要去庙里拜拜，冬至也要去庙里拜拜。“三日之内，店肆皆罢市，垂帘饮博，谓之做节。”新年期间能休假的都休假了，冬至期间同样要休假，连店铺都关门三天，回家过节。“朝廷大朝会庆贺排当，并如元正仪。”大年初一有例行朝会，皇帝接受文武百官及各国使臣的朝拜，冬至这天同样有例行朝会，皇帝同样要接受文武百官及各国使臣的朝拜。

司马光著有《居家杂仪》，这是一本有关礼仪的小册子，书中写道：

贺冬至、正旦六拜，朔望四拜。

晚辈过节向长辈磕头，平常磕四个，过冬至与过新年时却要磕六个。为什么冬至与新年要磕同样的头？因为冬至在宋朝人心目中非常重要，几乎不亚于新年。

新年到来，宋朝地方官要向皇帝上《贺正表》，内容是一大堆吉祥话；到了冬至，地方长官则要向皇帝上《贺冬表》，内容非常接近，还是一大堆吉祥话。可是过端午、过中秋、过重阳的时候，地方官就没有必要给皇帝写这些吉祥话了，因为这些节日没有冬至重要。

宋朝人重视冬至，还有一个原因，见于金盈之《新编醉翁谈录》：

自寒食至冬至，久无节序，故民间多相问遗。

一年三百六十五天，传统节日实在不少，按照时间顺序排列，依次是新年、元宵、春社、寒食、端午、七夕、中元、秋社、中秋、重阳、冬至、腊八、祭灶、除夕……其中新年与除夕头尾相连，元宵实际上属于春节的尾声，七夕是女人的节日，中元鬼气森森，透着不吉利，春社、秋社、中秋、重阳则全在农忙时节，故此在新年过后的大半年之内，绝大多数老百姓都没有机会再来一次节日的狂欢。只有到了冬至，秋收冬藏均已完结，亲朋好友久不相聚，终于可以趁此节气好好庆祝一回了，于是冬至就被人民大众集体推到了前台，想不粉墨登场都不可能。

冬至也守岁

不客气地说，宋朝老百姓在过节方面缺乏创意，他们庆祝冬至的方式是模仿新年，新年搞什么活动，冬至就搞什么活动，一样都不能少。

大家都知道，在大年初一的头天晚上，也就是除夕，我们是有守岁传统的：

一家人围炉聚餐，听着鞭炮声，吃着团圆饭，看着电视，打着麻将，等着新年钟声敲响。

而宋朝人过冬至居然也守岁。

唐朝人将初一的头天晚上叫“岁除”，宋朝人管冬至的头天晚上叫“冬除”。岁除守岁，冬除也守岁，用宋人金盈之在《新编醉翁谈录》里的话说：“大率多仿岁除故事而差异焉。”冬至守岁的规矩跟除夕守岁的差不多。

守岁之前，先祭祖先。冬至祭祖用三牲：牛、羊、猪。将牛肉、羊肉、猪肉各煮一盘，端到祖宗牌位前供上。如果朝廷禁止宰杀牛肉（古代中国是农耕社会，历代皇帝为表明重视农耕，多禁杀耕牛，但这种禁令大多流于形式，实际执行的机会偏少），则用鱼或者鸡来代替。

三牲摆在供桌之上，呈品字形排列，中间再放入一盘菜肴、一盘米饭或一盘馒头，饭上插以树枝，树枝上粘一朵纸花，然后家中男性按辈分排好位置，集体向祖宗叩头，是为祭祖。

祭过祖先，应该“散福”，也就是将供品撤下，大家一起吃喝。吃喝的时候全家老小团团围坐，就像除夕时吃年夜饭一样。

吃过这顿冬至版的“年夜饭”，大人就可以入睡了，小孩子却要围着火盆、吃着零食、玩着铜钱，像过除夕一样守岁，直到次日凌晨才能上床睡觉。

生于南宋、死于元朝的宋朝遗老吴自牧说过：

冬至岁节，士庶所重，如馈送节仪，及举杯相庆，祭享宗禋，加于常节。

这说明宋朝人过冬至既要祭祖和守岁，又要向亲朋好友馈送节礼。

冬至的节礼比较简单，一般是两碗米饭或者两个馒头，再加一碗刚刚煮好的馄饨，放到一张红漆木盘之上，让小孩子端着去亲族及四邻家里分别馈送。

送节礼的时间却要特别早。冬至那天凌晨四五点钟，家里的大人赶紧起床，煮出一大锅头天包好的馄饨，将其与头天蒸好的馒头或米饭放到一个木盘里，如此这般备办七八个木盘，指派小孩向各家各户分送。

送这种节礼是不吃亏的，并不会肉包子打狗有去无回，因为张家将自家的馄饨、馒头和米饭送给了李家，李家也会将他家的馄饨、馒头和米饭送还给张家，等于双方在交换节礼。确切地说，不是双方在交换，而是十几家甚至几十家在交换：小明家的馄饨送到了小强家，小强家的馄饨送到了小红家，小红家的馄饨送到了小丽家，小丽家的馄饨又送到了小明家……送到最后，每家餐桌上都有了其他很多家的饭食，仿佛是在集体交流厨艺。

在宋朝统治下的大部分疆域，冬至都是很冷的，冬至的早晨就更冷了，这时候小孩子端着木盘在寒冷的空气中来回行走，是很难受的。但是孩子们未必会觉得苦，因为他们喜欢热闹。更重要的是，他们还能得到实实在在的回报：收到节礼的亲邻通常会发给小孩几枚铜钱作为节赏，而所发铜钱的数目一般要等同于小孩的年龄。比如说小明七岁，当他去小强家送节礼的时候，小强的爸爸会给他七文钱；小强八岁，当他去小明家送节礼的时候，小明的爸爸会给他八文钱。

可能正是因为宋朝有这样的风俗，所以大人们才会让小孩子去送节礼。您想啊，假如一个四十岁的大男人也去送节礼，别人该给他多少节赏呢？给少了不合规矩，可要是按年龄给，是不是显得这个送节礼的成年人太爱占小便宜了呢？

现在南方人过冬至流行吃汤圆，北方人过冬至流行吃饺子，宋朝人过冬至则以馄饨为主食。

宋朝人的饮食概念颇为特殊，他们说的“炊饼”实际上是馒头，他们说的“馒头”实际上是包子，他们说的“包子”实际上是用菜叶裹馅儿的菜包，而他们说的“馄饨”，实际上正是咱们现代人所说的饺子。

刚才说宋朝人过冬至以馄饨为主食，实际意思就是他们过冬至以饺子为主食。过冬至吃饺子，跟今日北方人没有区别。

读者诸君可能会质疑：馄饨是馄饨，饺子是饺子，馄饨怎么能跟饺子画等号呢？

没错，现在的馄饨跟饺子是有区别：馄饨皮薄馅少，饺子皮厚馅多，馄饨多用方皮，饺子多用圆皮。可是宋朝人说的馄饨跟咱们现代人说的饺子完全是一回事儿，同样是用圆皮包馅儿，同样是包成半月形，中间鼓鼓的，两头尖尖的，边缘扁扁的。

其实宋朝也有真正的馄饨——真的是馄饨，不是饺子。宋朝人包馄饨，包得很大，很复杂，造型像朵花，含苞待放，可以用铁签子穿起来烤着吃，当时管这种食物叫“餶飿”（读如“骨剁”）。也就是说，宋朝的饮食概念很奇特，那时候的馄饨就是饺子，而那时候的餶飿才是馄饨。

金盈之《新编醉翁谈录》提到宋朝人过完冬至时常讲的一句民谚：

新节已过，皮鞋底破。大担馄饨，一口一个。

冬至这个盛大节日过完了，皮鞋的底子也磨破了，为什么会磨破呢？可能是因为冬至那天到处送节礼的缘故吧。送节礼要准备很多饺子，可是由于这些饺子有来有往，既没有送完，也没有吃完，过完冬至还剩下一大批。怎么办？敞开了吃呗！

祭灶的时间

过完冬至，进入腊月，在腊月二十三或者二十四，是祭祀灶君的日子。

灶君是有无数化身的神仙，平日蹲踞在厨房里，监察着所有人的一言一行，无论善恶都记录在案。到了年底，他会回到天宫述职，将善恶档案交给玉皇大帝，由玉皇大帝给予人类奖赏或惩罚。

近代中国百姓家中的灶君画像，现藏日本早稻田大学图书馆

古代百姓是非常务实的，务实到了把他们所迷信的神仙都当成世俗官吏来敬奉的地步。世俗官吏需要礼敬，于是灶君也需要礼敬；世俗官吏可以被收买，所以灶君也可以被收买。

一年一度的祭灶，就是对灶君的礼敬和收买。

腊月二十四,百神上天，灶君也上天。其他诸神不负责记录善恶，不将人类的罪恶上报给天庭，唯独灶神专司其职，将辱骂父母、欺虐乡邻、杀人越货、坑蒙拐骗、偷鸡摸狗、弄虚作假、乱扔垃圾、随地吐痰等大小罪行一一记录在册，如实汇报给上天。试想一年三百六十五天，谁没做过一件坏事？如果让灶君捅到天上，轻则头痛，重则遭雷劈，那还得了？于是必须在灶君上天之前将其收买。

怎么收买？一是送钱，二是送甜。所谓送钱，是指烧化纸钱，让灶君笑纳；所谓送甜，就是用饴糖、糖瓜、糖豆粥等又甜又黏的甜食粘住灶君的嘴，不让他讲话，即使可以讲话，也只能讲好话，不好意思讲坏话。吃人嘴短嘛，吃了人间那么多甜食，哪好意思讲人坏话？

南宋的一部风俗大全《岁时广记》第三十九卷记录了宋朝人收买灶君的时间和方式：

十二月二十四交年，都人至夜请僧道看经，备香茶酒送神，烧合家替代钱纸，贴灶马于灶上，以酒糟抹涂灶门，谓之“醉司命”。

每岁十二月二十四，新旧更易，皆焚纸币，诵道佛经咒，以送故迎新，以为禳祈云。

腊月二十四是灶君上天的日子，人们将那天称为“交年”，意思是新年将至，跟今天的“小年夜”意思差不多。如何度过“交年”呢？买茶、买酒、买纸钱、买灶马。有钱人请和尚或道士念经，没钱人自已念诵经咒。一边念经，一边用酒菜供奉灶君及其他神仙，同时还要用酒糟涂抹到灶门之上，据说这样可以让灶君上天之后晕头晕脑，不会做出对人不利的汇报。最后呢，再为灶君烧化纸钱，将灶君的坐骑（纸马）放在灶门口一同烧化，恭送灶君及百神上天。

这两段文献只提送钱，没写送甜，倒是南宋另一本风俗书籍《武林旧事》描写了送甜之法：

二十四日，谓之“交年”，祀灶用花饧、米饵，及烧替代，及作糖豆粥。

花饧又叫“胶牙饧”，是煎熬成半固态的麦芽糖；米饵又叫“欢喜团”，是用蜂蜜拌成的糯米丸子。有麦芽糖，有欢喜团，有糖豆粥，宋人祭灶供奉的甜点竟然与今天完全相同。

陆游的老上司兼好朋友范成大写过一首《祭灶诗》：

古传腊月二十四，灶君朝天欲言事。

云车风马小留连，家有杯盘丰祭祀。

猪头烂熟双鱼鲜，豆沙甘松粉饵圆。

男儿酌献女儿避，酹酒烧钱灶君喜。

婢子斗争君莫闻，猪犬触秽君莫嗔。

送君醉饱登天门，杓长杓短勿复云。

“古传腊月二十四，灶君朝天欲言事”，说明宋朝灶君上天述职的时间跟今天一样，都是腊月二十四。

但今天祭灶选择腊月二十三（只有极个别地区选择腊月二十四祭灶），是在灶君述职的前一天进行祭祀；而宋朝人祭灶却在腊月二十四（个别地区甚至拖延到腊月二十五），是在灶君述职的当天进行祭祀，为什么？

我有一个大胆的猜想，它极可能错得离谱，但是在寻找不到合理解释之前，也聊备一说：宋朝人祭灶之所以较迟，主要是因为宋酒的度数较低。

我们知道，宋朝没有蒸馏酒，只有未经蒸馏的酿造酒。酿造酒未经蒸馏，酒精度数不可能超过十六度，通常只有七八度而已。用这种酒祭灶，灶君易醉也易醒，假如二十三祭灶，二十四送神，则灶君上天时已然醒酒，对我等凡夫颇为不利，故此需要等到送神当天也就是腊月二十四那天再祭祀，确保灶君在醺醺然的状态下上天。

至于我们现代人在腊月二十三祭灶，倒不一定是因为现在流行蒸馏酒，酒精度数高，能让灶君连醉两天，而更可能是因为我们急于事功和爱慕虚荣。查明朝方志，江南已有民谚：“官三民四船家五。”官府二十三祭灶，百姓二十四祭灶，那些岸上无住宅，一家老小在船上生活的船民则迟至二十五才可以祭灶。船民一度被官府打入“贱民”的另册，让他们在二十五祭灶是出于歧视，而对老百姓哪天祭灶却没有限制。既然官府不限制，老百姓就蠢蠢欲动了，大家在“祭完收工”和“咱家不能比邻居晚”的心态下你追我赶，于是就将祭灶日期提前到了腊月二十三。

祭灶的规矩

前文抄录了范成大的《祭灶诗》，该诗信息量颇大，不但讲明了宋朝的祭灶日期，而且讲到了祭灶时的若干规矩：

“猪头烂熟双鱼鲜，豆沙甘松粉饵圆。”供品包括熟猪头一只、鲜鱼两只，还有豆沙馅儿的汤圆，有荤有素，有咸有甜。至于胶牙饧、欢喜团、糖豆粥等甜食，祭灶时更是不可或缺，但是范成大的诗里没写。他不写，不代表没有，因为诗歌毕竟不是流水账，点到为止，不宜面面俱到。

“男儿酌献女儿避，酹酒烧钱灶君喜。”供桌上要摆酒，祭灶时要烧化纸钱，只有男性可参与祭祀，女士们一边凉快去。到了今天，南方仍有如此陋俗，这是男权时代遗留的产物，应该去除。

除了以上这些，宋人祭灶还有其他规矩。

第一，要为灶君备办“甲马”。

甲马一词在古文中有三种含义：一指披甲骑马的士兵（如《东京梦华录》云“行宫巡检部领甲马来往巡逻”），一指铁甲护身的战马（如《宋史》云“夺甲马三千”），一指绘有战马、用来召唤神灵乘坐的黄纸（《水浒传》中的“神行太保”戴宗每次作法行路之前必须将“甲马”绑在腿上，这种甲马就是画了战马的黄纸）。祭灶用甲马，指的是第三种甲马，上画战马，下画云朵，旁书神咒，祭祀后烧化，供灶君上天时乘坐。

第二，要为灶君备办“料豆”。

“料”即草料，“豆”即黑豆，灶君的坐骑虽是天马，却跟凡马一样要吃饲料，故此在烧化甲马的同时，还要往火堆里扔一把干草和几粒黑豆，供灶君的坐骑食用，只有吃饱了，才有力气驮着灶君上天。

第三，不要忘了烧掉灶君的画像。

甲马和料豆都是为灶君准备的，灶君才是上天的主角，烧化了甲马、草料与黑豆，别忘了将墙上粘贴的灶君画像撕下来，在供桌前烧掉。一边烧，一边默默念诵“上天言好事，下界保平安”“上天言好事，回宫降吉祥”。

旧画像烧掉，还要代之以新画像，一如撕掉旧春联，还要贴上新春联。春联是即撕即换，灶君画像却不能即烧即换，必须等到除夕，才能将新画像贴到厨房里。为什么非要等到除夕呢？因为除夕是宋朝人认为的灶君回宫的日子。

《岁时广记》卷三十九《腊月·诵经咒》云：“每岁十二月二十四，新旧更易。”新旧更易主要指灶君更易，旧灶君卸任，新灶君并不随即到任，还要等待天庭的任命，这时候你如果自作主张贴上新灶君，是不会被天庭承认的。

第四，祭灶之后要照虚耗。

“虚耗”是百神当中的一种，它虚无缥缈，无色无形，不像灶君那样监察善恶，也没有庇护凡人的能力，但它却有捣鬼添麻烦的能力。

小门小户过日子，挣的没有花的多，年底盘账，怎么算都不够数，不用问，亏空的差额准是让虚耗给弄走了。而且虚耗很奇怪，腊月二十四祭灶送神，百神都去吃供品，吃饱了乖乖地飞升，唯独虚耗不吃这一套，留在你家不走。怎么办？用火烧它的屁股，把它逼走。

灶君躲在厨房里，虚耗却躲在床底下。于是到了腊月二十四夜里，在送走灶君以后，宋朝人开始发威了。他们准备好一盏盏油灯，一一点着，送入床底，从深夜点到天亮。这种风俗在宋朝叫作“照虚耗”，是人类向鬼神宣战的壮举。

可惜的是，鬼神未必存在，床底和油灯却是实实在在的。白白点一夜灯，费油是小事，万一火苗子变大，烧着了床才是大事。假如那床上还睡的有人，那就成了天大的事。因此，照虚耗也是陋俗，风险很大。

如果说冬至是新年的彩排和预演，那么祭灶就是新年的发令枪。过年很忙碌，需要做很多准备工作，例如打扫房间和备办年货，而在祭灶之前，这两项工作是不能做的，只有祭完灶君、送完百神，才可以进行。

中国古人相信角角落落都可能有神灵居住：厨房里有灶神，厕所里有厕神，墙底下有太岁，床底下有虚耗，屋脊之上有姜太公端坐……从年头到年尾，这些神灵一直蜗居在某处岿然不动，假如搬动家具、破墙动土，极可能触犯某个神灵，使其动怒降灾，为一家老小引来大祸。所以平日里打扫尘土都要小心翼翼，翻修住宅更要烧香礼拜，家人活得憋屈，房子也活得憋屈。

到了腊月二十四，自由终于降临了，因为灶君和其他各种神灵都被送走了，人类终于成了住宅的主人，想怎么打扫就怎么打扫，想怎么翻修就怎么翻修，无须磕头，无须贿赂，短期内出现了权力的真空。

我们现在流行“二十四，扫房子；二十五，扫墙土”的民谚，而宋朝人同样如此。《岁时广记》卷三十九《腊月·扫屋宇》云：“唯交年日扫屋宇无忌，不择吉。”只有到了腊月二十四，打扫房间才没有禁忌，翻修房子才不用选择吉日。从二十四到除夕，从旧灶君上天到新灶君下凡，在这一个星期左右的自由时间里，每一天都是吉日，趁机赶紧将房间好好地打扫一新吧！

与此同时，腊月二十四以后也是采办年货的好日子。倒不是说祭灶送神之前不可以采办年货，而是因为采办过早的话，鱼肉与蔬菜容易腐败。

《东京梦华录》载：

近岁节市井皆印卖门神、钟馗、桃符、桃板及财门钝驴、回头鹿马、天行帖子，卖干茄瓠、马牙菜、胶牙饧之类，以备除夜之用。

过了腊月二十四，大家开始买年画、买春联、买蔬菜、买糖果，热热闹闹采办年货，为即将到来的大年夜做准备。

图书在版编目(CIP)数据

过一场风雅的宋朝生活 / 李开周著. —北京：中国法制出版社，2019.5（2025. 9 重印）

（李开周说宋史）

ISBN 978-7-5216-0046-9

Ⅰ. ①过… Ⅱ. ①李… Ⅲ. ①中国历史—宋代

Ⅳ. ①K244

中国版本图书馆CIP数据核字（2019）第040392号

责任编辑：胡　艺　　封面设计：汪要军

过一场风雅的宋朝生活

GUO YICHANG FENGYA DE SONGCHAO SHENGHUO

著者 / 李开周

经销 / 新华书店

印刷 / 北京虎彩文化传播有限公司

开本 / 710毫米 × 1000毫米　16开　　印张 / 15　字数 / 196千

版次 / 2019年5月第1版　　2025年 9 月第14次印刷

中国法制出版社出版

书号ISBN 978-7-5216-0046-9　　定价：42.80元

北京市西城区西便门西里甲 16 号西便门办公区

邮政编码：100053　　传真：010-66031119

网址：http://www.zgfzs.com　　**编辑部电话：010-66034985**

市场营销部电话：010-66033393　　**邮购部电话：010-66033288**

（如有印装质量问题，请与本社印务部联系调换。电话：010-66032926）